gu⅃de

思想家和思想导读丛书

导读
德勒兹

Gilles Deleuze

克莱尔·科勒布鲁克（Claire Colebrook） 著

廖鸿飞 译

重庆大学出版社

目　录

我们今天
为什么需要导读书?

这批来自"劳特利奇批判思想家"(Routledge Critical Thinkers)系列的小书,构成了"思想家和思想导读"丛书的基石。早在丛书策划之初,我们就在豆瓣那个"藏龙卧虎"之地结识了一群志同道合的朋友。我们之间的对话从一个提问开始——"我们今天为什么需要导读书?"

> 我们今天对西学的译介,依然有一些是盲目跟进式的译介,而缺乏系统、深入的相关性研究。[1]

面对有识之士发出的这句尖锐批评,我们试图借助这一发问所引发的一系列思考,探寻专业性导读对于中国学界,特别是初入门者,意味着什么。呈现在我们面前的这套译作,是加入这次"探寻之旅"的朋友们,用他们的精彩译笔所作的回应。然而,在文本之外,一些智慧之果还散落在他们的言说之中,需要显现。

---

[1] 王晓路.序论:词语背后的思想轨迹[M]//王晓路,等.文化批评关键词研究.北京:北京大学出版社,2007:5.

豆瓣 id:フ

"地图书"（将导读书视为探索思想的地图。）这个说法很不错，和弗雷德里克·詹姆逊（Fredric Jameson）的认知地图（cognitive mapping）有异曲同工之妙。

如果让我来定位入门书的意义的话，我会借用詹姆逊提出的另一个概念，即消逝的中介（vanishing mediator）。在一个辩证扬弃的过程中，一个"消逝的中介"发挥这样的作用：它施力于前一个状态从而引导出后一个状态，这个过程完成的同时它即消逝。

如果把入门书比作一个"消逝的中介"的话，它不怕当初的读者回过头来觉得它有种种缺陷和不足，因为这恰恰是它所想要达成的。如果一套入门书能发挥这样一个作用，我觉得它的编撰者就应该没有遗憾了。

豆瓣 id:剧旁
（李三达，湖南大学文学院讲师）

目前，很多中国学生读书进入了误区，就是认为读原典才是正道，解读的书一概不读，生怕这些人家咀嚼过的内容会影响他们对原典的认知。这真是再荒谬不过了，而我导师一再强调要规避这种误区，不要总摆出一副不世奇才的心态，别人苦心经营的研究成果只能是明灯，与原典相辅相成，待到你学力足够方知深浅和漏洞，彼时再别出心裁不迟。我深以为然。

豆瓣 id:坏卡超

二手文献或导读性文献确实很有必要。并且也应该重视英语世界的二手文献。尽管英语世界不是欧陆哲学的发源地，但英语作者一般都会比较注重用清晰易懂的语言来解释深邃的道理。

豆瓣 id：近视眼女郎

（路程，上海外国语大学文学研究院助理研究员，《导读阿多诺》译者）

我个人以为，无论从学术还是知识普及的角度来说，系统引进导读类的书都是多多益善的。当我想了解某位思想家，首先会做的，也是去寻找一些靠谱的导读书来看。

豆瓣 id：年方十八发如雪

国内许多入门级、导论级著作，往往都是引了过多的原文，而非对文本本身的解读。换言之，本来是要作者来解释文本，结果成了作者从原著中摘了几句话，让读者自行领会。或者直接就是由作者的一些论文拼凑出来。这样的后果自然是让初学者一头雾水，完全起不到导论的功能。

相比而言，Critical Thinkers 这套书的一个优点就是由作者带领读者读文本，其次就是每本书后面的文献相对来说都比较齐全，有助于进一步的研究，最后是该系列的很多思想家都是国内很少涉及的，比如阿甘本等，引进来也有开拓作用。总之，老少咸宜。

豆瓣 id：Igitur

（于长恺，爱好阅读法国当代哲学书籍）

毕竟从原著开始着手，需要忍受其本身的拧巴语言风格，西式的语法结构，不同的文化背景、语境。能够有可靠、系统的介绍文本为后续的阅读指引道路，可以节省许多绕弯路的时间，减少初学者的挫折感,增强学习兴趣。

豆瓣 id:H. 弗

(卢毅,复旦大学哲学学院)

这些著作就成了维特根斯坦所说的"梯子",特别是初学者在很大程度上需要借助它们来对某位思想家基本的思想观点先有个大致的把握和了解,这样,一方面可以帮助人们铺平一些道路、消除一些畏难心理,另一方面可以作为一个引子更好地激发起人们的学习兴趣而不只是无助感与挫败感。

豆瓣 id:Gawiel

(马景超,美国维拉诺瓦大学[Villanova University]哲学系博士在读,《导读波伏瓦》译者)

我以前在国内读书的时候,也经常感到这样的不便,尽管黑格尔、康德和海德格尔等寥寥几位有一些不错的入手读物,但是大部分人还是缺乏类似的读物来引荐。我也非常希望能够通过"地图书"来改变大家的读法,否则,对于很多学科和很多学者都只是停留在泛泛了解一点的程度上,很难进行有建设性的学术研究。比如,人人都知道福柯谈"权力",然而什么是权力,则需要深入阅读福柯的几本作品,并且能够将不同作品里面的理念联系起来,才能有所了解,否则只是在用我们日常语言中的"权力"去套用福柯的牙慧。如果没有导读性质的作品,读者(尤其是本来就没有精读压力的人)就很容易停留在套用牙慧这个地方,而对于真正有意思的书望而却步。

还有像巴特勒(Butler)这样的作家,作品中有一些话看上去很有力("性别是一种操演"),但是理解前后文就需要知识背景（"主体由操演建构"）了。那么，如果没有导读类的书，一般读者很容易就理解为：一个人可以自由决定自己扮演男性还是女性，而这恰恰是巴特勒（作为反人文主义［anti-humanism］传统的继承）最不可能持有的观点，她想说的恰恰是自我的形成过程中，性别作为一种操演已经参与了这一形成，因此没有性别之外、语言之外的"无性别"、"前性别"的主体。

这些都是我常见到的误解，我觉得也许导读类书的引介可以改变这种"好读书不求甚解"的现状，尤其是对于并非哲学专业，但是需要运用到哲学理论的人，导读类的书更可以起到介绍理论背景和避免断章取义的作用。

豆瓣 id：迷迭香
（李素军，中国社会科学院文学所博士研究生）

作为一个理论专业的学生，我深知直接读原著的个中艰辛。理论难读的原因之一是翻译，抛却误译等人为因素，西方思想转换到中文语境里所带来的语言的晦涩也是一个很大的问题；其二，每个思想家都有自己的理论语境，他在继承什么，反对什么都不是短时间内可以看明白的，换言之，我们得摸清楚他的理论轨迹。

豆瓣 id：霍拉旭的复仇
（汪海，中国人民大学文学院讲师）

从学生过来的我，也经历过一个阶段，听到很多老师强调直接阅读原典，生怕受二手资料的影响。但实际上，若没有一个导读的阶段做宏观把握，直接读原典的结果就是不知所云，看了就忘。

　　我个人从来不相信"白板说"，以为学生在不读二手书之前是纯洁的、不受污染的、具有反思力的"白板"。没有大量的阅读，根本培养不出反思力，导读是必需的，最好是有多重不同看法和角度的导读。

　　极其要不得的是对原典的态度——面对"名著"没有一颗平常心：或者极其功利地想要推翻它，从而证明自己的高明；或者直接拜倒，因为它是"典"，是权威。好的读书方法就是培养好的民主政治素质，要学会听不同的意见，"名著"之所以是名著，不是因为它是"典"，是权威（虽然它有权威性），而在于它是一个伟大的空间，容得下太多的探讨、太多的声音，不断激发更多的思考、更多的创造，所以才有那么多人前赴后继地走进来。

　　导读不妨把它看作是一个邀请、一个好客的举动，带我们进入原著的空间，而不是助教，不是训导，不是"原著"这个白胡子老头打算教训弟子之前的开场白或者清清嗓子。

　　导读也是前人外出探险之后留下来的攻略，不可能事事准确、面面俱到，它邀请你历险，最后写出自己的攻略。

　　前面说过，我不相信白板——没有单纯的读者。没有导读的读者，他会用从前未经反思的有限阅读经验当导读。如果他自以为此前完全没有受过二手思想的影响，他反而缺乏对自我的反省和批判。

译者前言

英国劳特利奇（Routledge）出版社的批判思想家系列丛书是当今英美学界关于哲学研究、文化研究和文学艺术研究方面最有影响力的丛书之一。这是因为该丛书从格式和内容安排入手，致力于以浅显的语言勾勒 20 世纪中晚期那些最重要的思想家的重要概念和思想倾向。吉尔·德勒兹（Gilles Deleuze，1925—1995）被选入该丛书之中，这当然不是说他的哲学和思想可以被简单笼统地归类为批判理论。实际上，无论是德勒兹还是德里达、福柯等同时代理论家，都是难以归类，也拒绝被归类的思想家。同理，概述德勒兹的思想也不是三言两语可以完成的事情，因此本书作者克莱尔·科勒布鲁克（Claire Colebrook）要在如此一本篇幅有限的小书里面论述德勒兹，也必然是一件异常艰难的事情。德勒兹曾指出，概括和归类之于认知的局限性，概括、再现或许是人类不可避免的认知步骤，是我们对问题特有的回应方式，它由我们自身有限的绵延（duration）所决定。但是，德勒兹思想的激进性恰好在于对这种同一性和常识的拒斥。

德勒兹的理论关乎拓展思想的可能性,这意味着我们要去超越人类中心主义的局限性,超越这种我们习以为常的同一性和常识去思考和感知非人的绵延和经验,去生成—动物甚至生成—不可感知之物。哲学对于德勒兹来说是创造概念的实践。这些被创造出来的概念,就像一个个精致的小工具、小机器,它们在与其他概念的遭遇中产生了新的生产链接。在这本书里面,类如"生成"、"强度"、"生命"、"感受"等概念也是通过这样的方式被应用于文学、电影、艺术等学科门类的分析。因而哲学得以突破学科的边界,与文学、艺术、科学形成新的生产联盟,它们的相遇改变了彼此,新的思想便得以诞生。

鉴于德勒兹思想对于哲学、文学、艺术、政治学方面的重大意义,以及国内尚无德勒兹导读的中文译本的现状,译者希望这个中文译本能够在中国推广和引介德勒兹思想方面发挥应有的作用。在此,我应该感谢如下在我的德勒兹研究和翻译过程当中提供了帮助的人,没有你们的付出,这本译本就不会形成和问世。

首先,我想感谢重庆大学出版社的编辑邹荣。这本书的第2章《电影:知觉、时间与生成》,我早在2010年就已经翻译好,后来发布在迷影网(cinephilia. net)等网站上。2013年邹荣在网上找到了我,并联系翻译出版事宜。在整个翻译的过程中,他时常与我保持联系,及时地沟通和反馈翻译过程的问题和纰漏。如果没有他的辛勤工作和耐心沟通,这本书就不可能与各位读者见面。

其次,我想感谢南京大学哲学系的蓝江教授,他为此书写作了一个非常棒的导言。蓝教授是国内研究当代法国哲学的专家,尤其在德勒兹、巴迪欧等思想的译介和研究上有独到之处。

我与他相识已有五六年，虽然素未谋面，但一直从他的文章和与他的网上交流中得到诸多启发和帮助。我最初接触德勒兹思想的时候，也是通过他提供的部分资料得以进行更为深广的阅读。

再次，我想感谢我求学生涯中的几位老师：我在阿姆斯特丹大学的博士导师帕特丽夏·品斯特（Patricia Pisters）教授，她的著作和谆谆教诲使我在德勒兹研究方面得以真正深入，并发表了英文学术成果；我的另一位博士导师高伟云（Jeroen de Kloet）在我的研究过程中给予了很多有用的建议和帮助，使我的研究思路更为严密。我在中国人民大学求学期间的硕士导师潘天强教授，他在我最初接触德勒兹思想的时候就给予很多支持和鼓励；孙柏老师曾经认真细心地对该书的第 2 章进行了校对并提出了一些修改意见；夏可君老师在人大的授课则对我理解当代法国思想提供了很大的帮助；东北师范大学的李洋老师与我一样对电影理论和法国思想有着浓厚的兴趣，我对德勒兹和电影理论方面的许多理解，都是在与他的交流中形成的。

最后，我要感谢在学术上和生活上对我提供过帮助的几位朋友和亲人。在此书的翻译过程中，张俊华阅读了部分文稿，并对部分的翻译术语提出了修改意见。宁宝剑一直在学术上与我相互鞭策，他阅读了翻译手稿，并提出了许多宝贵的意见。最后需要感谢的是我的妻子王婷，在收集、编辑和整理全部翻译文稿上付出了大量的时间和精力。

在翻译这本书的过程之中，译者只求为翻译和引介德勒兹思想出一份绵薄之力，但是由于学识有限或者考虑不周，翻译难免会有某些纰漏或值得商榷之处，恳请各位方家指正。

廖鸿飞

2014 年春于荷兰阿姆斯特丹

丛书编者前言 [1]

　　本丛书提供对影响文学研究和人文学科的主要批判思想家的介绍。当在研究中遇到一个新的名字或概念时，本丛书中的某本可以成为你阅读的首选著作。

　　丛书收录的每一本著作都将通过解释一位重要思想家的核心观念，把这些观念置入语境并且——也许，最重要的是——向你展示为什么这位思想家被认为是重要的，来帮助你进入她或他的原始文本。这是一套不需要专门知识的简明、清晰的导读系列。尽管聚焦于特定的人物，本丛书也强调，没有一位批判思想家是在真空中存在的。相反，这样的思想家是从更广泛的智识的、文化的和社会的历史中出现的。最后，这些著作将在你和思想家之间搭建一座桥梁：不是取代原文，而是补充她或他的作品。

　　编写和出版这些著作是非常必要的。在 1997 年出版的自传《无题》(*Not Entitled*) 中，文学批评家弗兰克·克默德 (Frank Kermode) 描写了发生在 20 世纪 60 年代的这样一段时间：

1　本前言由王立秋（豆瓣 id：Levis）翻译。——编者注

在美丽的夏日草地上,年轻人整夜地躺在一起,从白天的劳顿中恢复过来,聆听着巴厘音乐家的巡回演出。在毛毯和睡袋下,他们懒洋洋地谈论着当时的大师们……他们重复的大多是传闻;因此我在午休时,非常即兴地提议,做一套简短、廉价的丛书,提供对这些人物的权威而易懂的导读。

对"权威而易懂的导读"的需要依然存在。但本丛书反映的却是一个不同于20世纪60年代的世界。随着新的研究的发展,新的思想家出现了,而其他思想家的声誉则盛衰不一。新的方法论和挑战性的观念在艺术和人文学科中传播开来。文学研究不再——倘若它从前如此的话——仅仅是对诗歌、小说和戏剧的研究与评价。它也是对在一切文学文本和对这些文本的阐释中出现的观念、问题和疑难的研究。别的艺术和人文学科也发生了类似的变化。

新的问题也随之出现。在人文学科的这些剧变背后的观念和问题,经常被不以更广泛的语境为参照地呈现出来,或被呈现为你可以简单地"加"在你阅读的文本上的理论。当然,有选择地挑出某些观念,或使用手头现成的东西并没有什么错,而且确实有一些思想家认为事实上我们能做的就是这些。然而,有时人们会忘记,每一个新观念都是出自于某个人的思想的底样及其发展,而研究他们的观念的范围和语境是重要的。与"浮于空中的"理论相反,本丛书贯之始终的是把这些重要思想家和他们的观念放回它们原本的语境中去。

不仅如此,本丛书收录的著作还反映了回归思想家自己的文本和观念的需要。一切对某个观念的阐释,甚至是看起来最为单纯的阐释,也会或隐或现地给出它自己的"有倾向性的陈述(spin)"。只阅读论述某位思想家的著作,而不读该位思想家的文本,就是不给你自己做决定的机会。有时,使一位重要人物的作品难以进入的,与其说是它的风格或内容,不如说是(读者)不知道从哪里开始的那种感觉。本丛书的目的,就是通过为这些思想家的观念和著作提供一个容易理解的概述,通过引导你从每位思想家自己的文本开始进行进一步的阅读,来给你一个"入口"。用哲学家路德维希·维特根斯坦(1889—1951)的比喻来说,这些书是梯子,是在你爬到下一层楼后要扔掉的东西。因此,它们不仅帮助你进入新的观念,也会通过把你领回理论家自己的文本,并鼓励你发展你自己的有依据的意见,来给你力量。

最后,这些书之所以是必要的,是因为,就像智识的需要已经发生变化那样,全世界的教育系统——通常导读就是在这个语境中被阅读的——也发生了根本的变化。适合20世纪60年代的精英型高等教育系统的东西,不再适合21世纪更大、更广、更多样的高科技教育系统了。这些变化不仅要求新的、与时俱进的导读,也要求新的介绍方法。本丛书的介绍方式,就是着眼于今天的学生而发展出来的。

丛书收录的每本书都有类似的结构。它们一开始的部分,都提供对每位思想家的生平和观念的概述,并解释为什么她或他重要。每本书的核心部分,都讨论了该思想家的核心观念,这些观念的语境、演化和接受(情况)。每本书也都以对该思想家之影响的审视——概述他们的观念如何被其他思想家接纳和阐发——作结。此外,每本书的书末,都附有一个建议和描述进阶阅读书目的部分。这不是一个"附加的"内容,而是全书不可或缺的组成。在这个部分的第一部分,你会发现对书中所涉及思想家的核心著作的简述；此后，是关于最有用的批评著作的信息，有时候也有一些相关网站。这个部分将引导你的阅读，使你能够跟随你的兴趣并发展出你自己的计划。丛书中的注释是按所谓的哈佛系统（在文本中给出作者的姓名和参引著作的出版日期，你可以在书后的参考文献中查到完整的信息）给出的。这种注释方式在极小的空间中提供了大量的信息。丛书也会对技术性术语加以解释，并用方框插入对一些事件或观念的更加细节性的描述。有时，方框也用于强调一些该思想家惯用或新创的术语的定义。这样，方框在某种程度上也起到了术语表的作用，在快速浏览全书时很容易找到它们。

丛书收入的思想家是"批判的"，出于三个原因。首先，我们按照涉及批评的主题来考察他们：主要是文学研究或者说英语和文化研究，但也涉及其他依靠对书本、观念、理论和未受质疑的假设进行批判的学科。其次，他们是"批判的"，因为研究他们的作品将为你提供一个"工具箱"，这个"工具箱"将服务于你自己的有理据的批判的阅读和思考，而这一阅读和思考，将使你成为"批判的"。再次，这些思想家之所以是批判的，因为他们至关重要：他们与观念和问题打交道，这些东西能够颠覆我们对世界、对文本、对那些想当然地接受的一切的常规理解，给我们对我们已经知道的东西一种更加深刻的理解，给我们新的观念。

没有导读能告诉你一切。然而，通过提供一条进入批判思考的道路，本丛书希望让你开始参与这样一种生产性的、建设性的、可能改变你一生的活动。

致　谢

我想对以下人所做的事情表示感谢：利兹·格罗兹（Liz Grosz）和伊恩·布坎南（Ian Buchanan）引导了我接触德勒兹；帝安妮·伊蓝（Diane Elam）、鲍勃·伊格尔斯顿（Bob Eaglestone）与利兹·汤普森（Liz Thompson）发起了这个项目；苏·娄库米提斯（Sue Loukomitis）、安德鲁·莱恩（Andrew Lynn）与阿兰·尼克尔森（Alan Nicholson）阅读校对了这些手稿；还有莫纳什大学的员工和学生们对我的支持和鼓励。

书中援引到的《当它活着时》（*While it is alive*）获得了《艾米丽·狄金森诗集》（*The Poems of Emily Dickinson*）的出版商以及安默斯特学院受托人的允许。《艾米丽·狄金森诗集》的出版信息如下：Ralph W. Franklin, ed., Cambridge, Mass.: The Belknap Press of Harvard University Press, Copyright © 1998 by the President and Fellows of Harvard College. Copyright © 1951, 1955, 1979 by the President and Fellows of Harvard College.

为什么是德勒兹？

为什么是德勒兹？在很多方面，这是吉尔·德勒兹（Gilles Deleuze, 1925—1995）本人可能会提出的一个问题。德勒兹不将任何东西看作理所当然的，他坚持生命的权力——所有的生命而不仅是人类的生命——在于产生问题，这是它自身的权力。生命提出问题——不仅是去思考存在物，而是去思考所有的生命。有机体、细胞、机器和声波全都是对生命的复杂和问题的力量的回应。哲学、艺术和科学的问题是生命提问权（questioning power of life）的扩展，也是一种同样在较小的有机体和它们进化、变异（mutate）及变化（become）的倾向中表达出来的权力。德勒兹对生成（becoming）的坚持是 20 世纪晚期思想中后结构主义潮流的典型。后结构主义哲学家和思想家，例如雅克·德里达（Jacques Derrida）和米歇尔·福柯（Michel Foucault），并非一个自觉的集团。他们都从不同方面对 20 世纪的现象学和结构主义事件进行了回应。现象学与两个德国哲学家——埃德蒙德·胡塞尔（Edmund Husserl, 1859—1938）和马丁·海德格尔

（Martin Heidegger，1889—1976）相关，它拒绝以前的知识体系，力图将生命仅仅作为它的表面（现象）来研究。结构主义，通常与语言学家费尔迪南·德·索绪尔（Ferdinand de Saussure，1857—1913）联系在一起，这是 20 世纪另一个试图用一种科学和严格的方法来研究社会系统和语言的运动。这两个运动都拒绝那种认为知识能够以人或人类认知者为中心的想法；它们都致力于提供一个更为可靠的基础。对于现象学而言，这样一个基础就是经验本身，而不是谁或什么正在经验着的这样一个前设。对于结构主义而言，知识不应该建立在经验的基础上而应该建立在那些使经验成为可能的结构之上：即概念的结构、语言或符号。结构主义者坚持没有任何东西自身是有意义的，意义是由与其他的系统组成成分之间的联系所确定的，所以一个词语在它的语言之外就没有意义。后结构主义则认为无论将知识的基础建立在纯粹经验（现象学）或者系统结构（结构主义）之上都是不可能的。在德勒兹的案例里，就像其他的后结构主义者那样，这种将生命组织化到相关的结构中的不可能性并非一种失败或损失，而是一种值得庆幸的结果和解放。我们不能为知识建立一个可靠的基础的事实意味着我们被给予了发明、创造和实验的机会。德勒兹让我们抓住这个机会，去接受生命转变（transform life）带来的挑战。

但为何我们不能拥有这样一个知识的基础呢？为何经验（现象学）和语言（结构主义）都不能为我们提供某种基础呢？对于德勒兹来说，这个诉诸经验的问题就是我们倾向于为经验假定一些规范的或标准的模式，比如人类外在世界的经验。我们不得不忽视非人的（inhuman）经验（比如动物、无机生命甚至那些我们没有当下影像的未来经验）。为知识建立基础的问题在于任何描述这样一个结构的企图都不得不假装是外在的或在结构之上的。（结构主义人类学家就是这样做的：他们观察其他文化并描述它们的结构，但从来不问他们自身在知识中的位置是如何建构起来的。）假如我们想理解自身的语言结构，我们仍然会使用某些语言来解释它。即使"语言"这个术语已经建立在一个区分的结构之上：我们能够想象一种没有语言的总体语汇，但却可能拥有一种"符号"或"记号"的文化。德勒兹的伟大的问题和贡献在于他坚持差异和生成，反对结构主义。

　　不只是结构主义，整个西方思想史都建立在存在和认同的基础之上。我们总是想象先有某种存在（being），然后才有生成或才有差异化。结构主义和现象学都将差异和生成建立在某些基础或根基之上：语言的结构或者经验的观点。后结构主义者基本上都拒绝那种认为我们能够以一种静止的差异结构给我们对世界的认知提供某些基础的观点。后结构主义者致力于解释结构的显现、生成或起源：例如语言这样的系统是如何既变成存在又在时间之中变异。因此，德勒兹和他同时代的人都致力于将差异和生成概念化，但差异和生成不会是某种存在的生成。他们的主要标靶不只是晚近的现象学和结构主义运动，而是整个西方思想史。在 20 世纪四五十年代，法国哲学的舞台被对德国哲学家 G. W. F. 黑格尔（1770—1831）的重读所占据。他认为生命和历史的差异和生成能够（也应该）被置于一个精神的独自运动之中来理解。黑格尔还认为现代哲学 [1] 是历史的终结点，在这个点上意识或精神能够克服所有差异和生成。大多数后结构主义者将黑格尔看作西方压抑差异，并倾向于将差异缩减至某种基础性认同的典型。德勒兹不同于那些尊重西方思想

1　modern philosophy，中国学界一般通译为近代哲学。——译者注

总体性的同时代人。他认为有很多哲学家和思想家都在挑战某种关于终极存在和在场的西方传统。因此，他的事业开始于对哲学传统的一种重读。他找出一些非常传统的人物，认为他们的著作中藏匿着一种非常激进的可能性。德勒兹早期关于苏格兰英语哲学家大卫·休谟（David Hume）的著作出版于1953年，那时他才28岁。德勒兹认为人类主体及其稳定的外部世界是一种产生于经验之流中的虚构（fiction）："世界（持续和区分）是想象的一种确定无疑的虚构"（Deleuze 1991，80）。在主张主体和世界的形象（image）[1] 作为想象的产物之时，德勒兹已经显示出一种创造性地解释哲学的倾向，他主张生命自身就有一种创造的倾向：人类生命的倾向是形成它自己的形象，比如理性思想或"主体"的形象。

　　与结构主义者将生命置于一个封闭系统中来研究所不同的是，后结构主义者着眼于开放、过剩或不稳定的系统：语言、有机体、文化和政治系统必要的变异或变化。实际上，对于德勒兹来说，思考和写作的挑战就是生成的多样化（diversity of becoming），因此一种语言的生成能够被其他生成的模式所影响，例如有机体或社会系统的生成。（设想一下我们的语言由于科技发明影响而已经改变的方式：我们使用计算机科学的术语去描述大脑，例如硬件；或者用遗传学的术语去描述计算机，例如病毒。）生成是一个德勒兹式的概念：它不仅是一个词语而且是一个问题，因此德勒兹针对生成给出了尽可能多的细微区别和意义。差异和生成会在这本书中多样化地在相关的使用中多次重

1　在英语和法语之中，image 的含义非常复杂，既可以翻译为"形象"，也可以翻译为"影像"或"意象"。本书对这个词语的具体翻译，基本按照语境灵活处理为"形象""影像"和"意象"这三种用法。——译者注

现。这是德勒兹方法的关键。与提供一种更多术语和观念的系统不同的是,德勒兹想要表现思考的活力和不稳定性。他在每个哲学工程之中都再造了他的风格和词汇。在他的著作中没有一个词语能够被它自身所定义;任何一个单独的术语只有在它和它所创造的整体的关联中才产生意义。因此阅读德勒兹不是一件容易的事情,这当然不是将一个命题和另一个命题相加的问题。然而,你必须从看到德勒兹著作的问题开始思考:我们是否能不依赖于同一性的概念,比如常识、理性、人类主体或"存在"来思考差异和生成? 然后,你必须将阅读每一个德勒兹式的术语和概念作为一种差异化地思考的挑战。德勒兹的"困难"是策略性的;他的著作试图去捕获(但不是完全地捕获)生命之混沌。在这本书的"结尾"你应该就能够理解开端,但也超越了开端。因为没有足够的系统或词汇能够再现生命之流。实际上,写作之目的不应该是再现(representation)而是创造。

像其他的后结构主义者那样,德勒兹远非一个"纯粹"的哲学家。因为如果我们接受生命不是由封闭系统所组成,那么这样生命的所有方面就会处在一个永远更新的差异和改变的状态之中。有机体只有在对其他改变着的系统(例如环境和其他的有机体)作出回应的情况下才能生存。同理,思考的运作(例如哲学和文学)也只有在对生命作出回应时才是活跃的。因此,德勒兹的哲学跨越了对数学、艺术、文学、历史、政治和革命理论的反映。最为重要的是,德勒兹在他的事业生涯中大部分时间都和法国精神分析学家菲利克斯・加塔利(Félix Guattari, 1930—1992)一起共同写作。德勒兹和加塔利的《反俄狄浦斯》(L'Anti-Oedipe;1972 年出版于法国,1977 年翻译为英文),迄今被认为是德勒兹对英语世界的最大贡献。他的早期著作是更为常规的哲学论著,但《反俄狄浦斯》挑衅的主张粉碎了理论和理性论争的通常标准。《反俄狄浦斯》追随而又拓展了1960年代社会传统的危机,以及中产阶级或"家庭"模式对欲望的压抑。(当时有一股反精神分析的运动潮流,包括 R. D. 莱恩[R. D. Laing, 1927—]和威廉·赖希[Wilhelm Reich, 1897—1957]这些人物,德勒兹在《反俄狄浦斯》里面到处援引他们。)该书致力于对理性的一种根本压抑的形象的出现进行解释和历史化的研究,而非运用理性或者将论争理性化:为何我们应该接受惯例、标准和价值?是什么阻止了我们去创造未来和思考的新价值、新欲望或新形象?这本书不是在一个已经建立起来的论争上的运动,它实际上改变了整个论争的标准。它反对合理化和合法化,推动了创造和转变的权力。它不采纳普遍理性的单独声音,而是像一部小说那样"玩弄"那些被传统认为是理性的空白地带的声音,例如女人:"妇女解放运动在这句谚语上是正确的:我们没有被阉割,所以你们挨操"(Deleuze and Guattari 1983:61)。

在《反俄狄浦斯》中,德勒兹和加塔利创造了一套全新的语汇和构成模态。这是因为,通过反对精神分析,他们反对那种认为有任何类似"心灵"的东西的想法。不存在能够成为研究客体或者治疗目标的那种标准的个体、个人或自身。更确切地说,他们创造了"精神分裂分析"(Schizoanalysis)这个术语来描述他们自己的方法和目标:不存在原初的心灵而只有原初的部件,"精神分裂"或非人的、可移动的碎片。与一开始就假定存在例如语言或逻辑这样对生命进行秩序化的固定结构(这可以被看作一种对某种外部世界"偏执狂"式的固化)相反,他们认为生命是一个开放的和创造性的不断衍生关系的整体。他们庆贺精神分裂,以对抗作为偏执狂的"人"。他们的"精神分裂"并不是一种疾病的类型（不是精神分裂症），而是一种思考生命的方式。即生命不再由任何确定的标准或其自身的形象所主宰，它自身就是流动和生成，不是一个服从法则的自身。精神分裂对于我们的思考和写作的方式来说是一种挑战。与接受我们知道思考为何以及认为哲学或精神分析对心灵来说为何的描述相反，他们认为精神分裂分析能创造新的关系、向经验开放新开端和允许我们别样地思考。

德勒兹的著作除了是对结构主义和精神分析学的一种创造性的回应之外，它还可以被看作是一种激进的现象学。德国哲学家埃德蒙德·胡塞尔和马丁·海德格尔认为我们总是太容易接受那些关于人类生命是什么的预设（例如人是一种"理性的动物"）。他们认为，真正地思考生命需要将生命看作它在时间和生成之流中所表现出来的样子，而不是用一些已经决定好了的固定观点来定义生命（正如那些认识生命和判断生命的方式那样）。我们应该把生命作为在时间中生成的活力的经验之流，而不是由预先给予的和现成的概念来定义它。因此，现象学是一种对现象或表象的考察。德勒兹通过转变和激进化这种现象学的复兴来思考他的拟像（simulacra）概念。现象是某种世界的表象，但拟像却是其自身的表象，不存在位于它们后面的起源或者基础。德勒兹引用了大量哲学家的著作，一直回溯到柏拉图，但他自己的生成"工程"和"拟像"可以被看作是一种激进的现象学批评。现象学坚持认为我们应该以其变动不居的表象来考察世界，而不是使用固定的概念或逻辑的方法。德勒兹的天才之处在于他将这种表象的概念（形象或拟像）置于它的传统哲学谱系之外。德勒兹坚持说，假如我们要真正地不受判断或前设的影响来接受世界的表象，我们就不应将表象诉诸某种世界的表象,因为在世界这里除了表象的"沼泽"之外别无他物——既不存在经验心灵的基础也不存在主体。拟像是没有背景或基础的表象或形象。德勒兹认为所有生命都通过形象来创造和表达自身,而不止是人类心灵才这样。即使最小的有机体也是一个仿真的事件,或互动的表象。细胞通过图像综合而得以变化,而不是将光作为某物的形象来"感知"。细胞和光之间的关系是一种没有任何潜在的或更"真实"的基础的互动表象。德勒兹甚至考虑了非人的表象与机器和镜头的感知。实际上,德勒兹思想中最重要的事件之一就是现代电影的演进,在这里影像从人类之眼和组织化的视野与叙事中解放了出来。他认为,电影有权力通过非人的观看和给予我们的多样化的"观看",这样一种全新的方式进行思考。

　　因此,这本书将致力于追踪德勒兹对传统思考的批判和他对新思考方式的发明。一开始我们会考察德勒兹是如何定义哲学、科学和艺术的。他给出了严格的定义,这不是因为他想要将一种额外的系统强加于思考,而是因为他想要显示思考能够采取别样的(差异的)方式。哲学、科学和艺术是众多力或截然不同的倾向,所以试图去形成某种世界的统一图景是没有意义的,因为这里的世界和思考或感知的方式一样多。一旦我们接受思考的显著的力,我们也就能够考察这些力之间的剧烈互动。我们不要试图去发现那些表达在文学著作之中的理念或内容,我们也不应该将文学当作某种文献的形式、范例或历史、哲学或心理学观点的支持证据。

　　哲学和艺术的互动应该创造差异和变异,而不是产生同一性和常识。哲学必须去处理概念,而艺术必须去创造新的经验,但这两者能互相转变。电影的创造要求哲学家们去重新思考时

间和影像之间的关系；但新的哲学概念同样能够刺激艺术家们
去创造新的经验边界。因此，德勒兹援用所有的文本类型，坚持
它们之间的差异，坚持它们之间相互转变的力量。他的著作不
提供一种文学的理论而是通过文学形成各种问题，即那些应该
挑战生命的问题。这就是德勒兹著作中具有挑战性的方面。这
和他对干扰常识的假设的坚持一起，使得他的著作既难读懂但
读起来却又非常激动人心。没有任何一个关于德勒兹著作的导
读会是很简单的，因为那些理念本身就是复杂的和冲突性的。
在接下来的章节考察理念如何能够通过艺术中的新事件（例如
电影）进行转变之前，在下一章之中我们将考察德勒兹如何定
义理念和文学或艺术之间的关系。生成和差异的主题会不断地
重复出现，并且应该随着这本书的推进而变得越来越清晰。这
正好与德勒兹关于重复的概念相对应。我们应该重复差异和思
考，每当我们觉得我们已经掌握了什么是思考和差异的时候，我
们就恰好已经失去了差异的权力。重复不是同一者的不断重复
发生，重复某物就是重新开始、更新、发问和拒绝保持同样。

　　如果我们将德勒兹置于他的语境之中，通过这种方式我们
也就能够揭示他的理念是如何发生的或他如何回应特定的主导
性的理念，但这将会是"非德勒兹"（unDeleuzean）的方法。然
而，这并不意味着我们不能去历史地（historically）思考德勒兹。
我们正好需要一种并非从一个单独的人类视角出发从而封闭了
发展的可能性的历史概念。所以我们应该将德勒兹的著作看作
是一种对多样化领域的诸问题的积极回应，而不仅是哲学内部
的问题。这些问题包括：资本主义的问题以及我们如何思考革
命的问题；"人"的问题以及我们如何思考进化的问题；思考的
问题以及我们如何思考创造的问题。历史采取了共在的线

8

（co-existing lines）、"高原"（plateaus）或生成的相异系列的形式。这与文化相异的时间之线无关，尽管德勒兹确实将原始社会描述为拥有一个永恒的地球的时间图像，而专制社会则推崇一种从神圣秩序衍生出来的统治规则。（所有这些不同文化对时间的理解相互重叠并且共同存在。）

德勒兹同样提到动物和植物生命的不同"速度"。理解某种东西是什么，意味着理解它的绵延（duration），它的感知力量以及与它从自身周围环境收缩（contract）差异的力量。例如，人类的记忆不仅能够感知它自身的时间以及过去，而且能够感知超出它现成知觉之外的时间整体。对于德勒兹来说，我们应该采用记忆的这种力量，这种人类的力量，去变成非人。这样我们就能够从现存或实存的世界出发去思考一个潜在世界或尚未给出的未来。这本书将致力于解释和探索哲学和文学，因为它们是清晰地表达了这种变化的力量的方式。

关键思想

思想的权力：哲学、艺术与科学

这一章考察德勒兹是如何通过哲学与艺术、科学的关系来定义哲学自身的。对德勒兹来说，考察哲学的特殊性和差异仍然是很重要的。这关系到他的整个深入的、灵活的思考。我们不应该将哲学或艺术看做学科门类或某种传统——某种已经形成的或我们能够认知和定义的东西，我们需要将哲学（或其他事物）看作由其自身的可能性或它的能力所决定的东西。因此，比如我们需要区分哲学与艺术，就是要避免这种思考的同质化。今天我们有一种倾向，就是假定某种常识或思考的共识，或者认为我们应该通过交流和共识来达成某种常识。德勒兹反对这种倾向，他想要开启生命的多样化思考模式。例如，文学不应该建立在再现的基础上，或者不应该表达某种世界观或者共同经验；文学应该撼动、粉碎和挑衅我们的经验。但是思想被介入的方式有许多。为了展示这种差异性，德勒兹清楚地区分了哲学、艺术和科学。

德勒兹最后的一本著作是与他长期合作的同事——法国精神分析学家菲利克斯·加塔利一起合写的,它的书名就是以问题的形式出现:《什么是哲学?》(*What is Philosophy?*;英文版于1994年出版,法文版则在1991年出版)。在这本晚期的著作里面,德勒兹和加塔利区分了哲学、艺术与科学之间的差别。但是在他的早期著作里面,德勒兹将哲学看做一种力量(power),而不是一系列的文本。哲学是一种通过创造问题来进行别样地思考的永恒的挑战。哲学是一种独特的力量,但它的能力也受到它所遭遇的其他力量的制约;科学和艺术中所发生的事件呼吁着和刺激着哲学中新问题的产生。德勒兹坚持主张无论哲学、艺术还是科学都不是追求某种冷漠的知识的“学院化”的追求。恰好相反,所有的思考都是生命中的一种艺术和事件。德勒兹认为这些思考有三种模式:艺术、科学和哲学,它们分别是三种转变生命的力量。根据德勒兹,我们之所以能够区分文学、艺术和哲学,不是因为我们能归类文学和哲学的文本以及找出它们的共同特征,而是因为我们能考察到它们能够做什么,以及当它们扩张和拓展到它们极限的时候它们能够做什么。哲学、艺术和科学必须被看做生命的爆发性力量的截然不同的时刻,而生命总是处于一种持续地“生成”的过程之中。这不是说我们首先拥有世界或生命,然后哲学家们或作家们才去描述和解释它们,而是说每一个艺术、科学和哲学的行动本身就是生命的一个事件和转变,而且每一个转变都以其自身的特殊性或特异的方式转变了生命。

阅读艺术作品或哲学作品要求我们观察到它的特殊力量,或者它突破生命的能力。我们也许永远也不会遇到纯粹的艺术作品或哲学作品,但是我们能够努力去区分和将任何文本中的艺术的、哲学的和科学的倾向发挥到最大限度。柏拉图或许曾经使用过文学的隐喻,但他如此做是为了建立起一种高于和超越于这个世界的哲学真理;科学家们也许使用虚构或叙事,例如"宇宙大爆炸",但是他们如此做是为了使我们生活的这个世界更加功能化和可控化。文学本身就是虚构的力量:它不是宣称世界是什么,而是想象一个可能的世界。艺术不是再现、概念或判断,它是以非认知和非智性的方式来进行的感受性的(与感觉和可感的经验有关的)思考。假如我们以再现的方式来考察世界,或以再现作为世界显现的理论,那么我们就不是在以艺术的或文学的方式来阅读一部作品。德勒兹坚称,我们应该理解这些区别,因为我们要将思想拓展到其自身的极限,要避免常识的索然无味的概念。假如我们接受那种形式上具有同质性的思想,那么我们就会丧失质疑,将所有的科学简化为"故事",将所有的哲学简化为对事实的追寻。我们从未真正地认识到我们的思想能做什么。倘若我们去创造哲学、艺术与科学,那么这将意味着思想是具有生产性的。倘若我们理解这种驱动生产的力量,那么我们就能够最大限度地运用我们的创造性、生命以及未来。

13

　　德勒兹是一个哲学家,但他也以高度文学化的方式——使用声音、角色和科幻小说般的场景进行写作。在《千高原》(*A Thousand Plateaus*, 1987;法文版于 1980 年出版)中,德勒兹和加塔利在相互竞逐的自然科学家之中建构了一部戏剧,它取材于历史上的不同时期,并且由一个虚构的角色所通览。德勒兹同时也写不同的文学作者,提倡文学具有某种特殊的权力。假如我们想要理解作为一个哲学家的德勒兹贡献了什么,我们首先要理解哲学之于文学、哲学之于艺术的关系。德勒兹取材于科学与艺术,并且将他最富有挑战性的思想以与电影相关联的方式展示出来。虽然他的目标最终还是哲学的,因为他让文学的创造和科学的观察表达了一个重复的哲学论点:这个主张是关于普遍生命的力量。哲学正是这种创造生命的普遍性概念的力量,和赋予生命的混沌以形式的力量。因此,任何真正的哲学思想都试图去思考整体的生命:它因而必须遭遇艺术和科学,但它对世界的思考又超越了艺术和科学。科学或许针对现实世界提出了连贯的描述,比如我们将事物观察为"事实"或"事物的状态",但是哲学却拥有理解潜在世界的权力。这潜在的世界不是指如其所是的世界,而是指超越了任何特定观察和经验的世界:即生命的可能性。对德勒兹而言,对于思考整体的生命力量的最佳概念就是差异。生命就是差异,即别样地思考的权力、去变得不一样的权力和去创造差异的权力。思考这个概念的哲学能力会帮助我们以更快乐的和更加积极的方式生活。因为哲学允许生命的转变,它本身就是一种力量,而非一个学术性的学科门类。无独有偶,尽管形式上不同,艺术也与差异遭遇:它不是产生差异的概念,而是呈现和创造差异(比如一部小说中各种千差万别的人物或一曲交响乐之中不同的声音)。假如我们想要知道某物是什么(例如艺术、科学和哲学),那么我们就要

14 问它是如何处理生命的。在今天,问题在于当我们问艺术或哲学是什么的时候,我们倾向于感受到它们的日常功能:即让我们成为更好的管理者或交流者。可是这样我们就与艺术与哲学的目的和力量失之交臂,因为它是超越生命之所是的变化的可能性。今天,不会有人当真地提问科学的宗旨是什么,这可能是由于科学已然是一种功能性的展示了。德勒兹的大部分著作都致力于展示生命的那种超越日常功用性的力量,比如变化或改变

的力量和价值:这不是向着某种预想的目的方向进行生成,而是仅仅为了变化自身而生成。德勒兹从科学的所有形式之中取材论述,但这样做只是为了拓展文学和哲学的权力,同时是为了倡导文学和哲学对于生命而言的必要性。

德勒兹论文学作者的著作和他自己对文学的使用是一种哲学行动,对他来说哲学和文学是彼此需要的。哲学不是哲学家们所从事的事情,它也不局限于我们"从事哲学"时候的那些时刻。哲学是所有思想的倾向。常识和陈词滥调的概括只能是糟糕的哲学,因为当诉诸常识的时候我们就已然形成一个关于如何去思考的总体性概念。德勒兹向我们展示,我们一开始就已经跟某种思想的形象或某种抽象的生命的概念打交道:比如常识的形象或作为物质的生命的概念。从这种预设的倾向出发去思考生命将是一种同质化的方式,但德勒兹却要求我们从事哲学的时候要更加直率和更加富有冒险精神。比如,假设我们要提问"为何是哲学?"这个问题,德勒兹就不会说哲学能使我们变得更加聪明,或者哲学能够帮助我们解决问题或修正我们论点中的逻辑错误。我们从事哲学不是因为它能够打理我们生命中的其他领域,而仅仅是因为它作为生命的一个面向。我们从事哲学是因为我们能够从事它,而一旦我们能够从事哲学,我们就能提出一些"庞大的"和可能永远无法解决的问题,我们理应如此。为什么?对德勒兹来说,普遍性的生命通过创造性地最大限度发挥自身的潜能而得以进化;哲学就是生命(思想)提升自身的力量时产生的一种特定的发展方向。对德勒兹来说,在哲学、文学和伦理学之间有一种直接的联系。假如我们将思想局限在再现和认知的简单行为上——"这是一张椅子","这是一张桌子"——那么我们就是在将教条和规则强加于思想之上

（Deleuze 1994：135）。因此我们就不能拓展生命的最大值，因为
我们是在用诸如逻辑和语法这样的思想的创造物来禁锢思想本
身。事实上，很多思想的文本和风格都是超越对世界的再现或
简单的图像的。不仅哲学如此，文学、艺术、电影、愚蠢、疯狂和
恶意全都证明了思想不是一种再现，而是一种生产、变异和创
造。因而，我们从事哲学不是为了服从或修正某种常识的教条，
而是为了拓展思想至其无限的潜能。总而言之，德勒兹是在坚
持哲学的普遍性权力。这种权力不是概括化，不是观察所有存
在物的共同特征。普遍性的思考要求我们超越所有我们能够感
知到的存在物，去思考任何一种存在物的可能性。在《什么是
哲学？》这本书里，德勒兹和加塔利将哲学这种普遍性的权力进
行了更为专门化的定义，这就是作为创造概念的权力。德勒兹
总是在科学、艺术和哲学之间旁征博引，但是在《什么是哲学？》
里面，他和加塔利明确地将哲学视为对概念的创造，将艺术视为
对知觉和感受（affect）[1] 的创造，将科学视为对功能的创造。

概念

　　文学与哲学都以不同的但彼此关联的方式将思想带至常识
和再现之外。对德勒兹来说，哲学就是创造概念。概念不是我
们贴在事物之上的标签或名字；它们产生思考的向度或方向。

1　本书在多数情况下将"affect"翻译为"感受"，只在极个别的情况下根据语境将
　　其翻译为"影响"。"affect"一词在西方哲学、文学乃至文化研究里面都是一个
　　含义复杂的词语，多翻译为"情感""感受""情状""影响"，等等。在这里德勒
　　兹的术语"affect"主要采纳了荷兰哲学家斯宾诺莎的术语，主要指身体之间影
　　响和被影响的感受。因此本书对"affect"的翻译采纳德勒兹的《斯宾诺莎的实
　　践哲学》中文译本译者冯炳昆的译法，而他的译法则来自管震湖在 1997 年商务
　　印书馆版《笛卡尔和理性主义》第 120 页的译法。——译者注

在这种哲学的意义上的概念与日常的概念非常不同。比如，在日常的层面上，我们可能会使用"幸福"（happiness）这个概念。"生日快乐（happy）"，"安德鲁和伊丽莎白是一对幸福的夫妻"，"有什么让你快乐"，"幸福的七个秘诀"，等等。日常使用的概念就像缩写或者习惯一样，我们不假思索地使用它。因此，日常概念让生命秩序化和功能化。但是在这里正如与在别处那样，德勒兹拒绝将事物的日常形式作为其本质。我们的日常概念不能够概括一个概念的本质，因为它不能让概念发挥其最大的能力。对德勒兹来说，实际上如果我们想要理解思想是什么，我们就不能从惯常的生活中采集例子并作出结论；我们应该注意到思想最极端的形式（比如艺术、哲学、愚蠢、疯狂或恶意）。哲学的概念与日常语言之间几乎没有联系，正如德勒兹对艺术和电影的定义看上去与我们日常的观看经验相悖那样。阅读德勒兹的一个不可辨驳的理由就在于，在艺术和哲学上对这种非常不合时宜的"高雅文化"的断言不同于日常生活和流行文化。对德勒兹来说，我们平时对概念的使用遵循着再现和定见（opinion）的模式，在这种情况下我们假设先有一个被再现的世界，然后我们再用概念来再-现（re-present）它，因此我们是以认同、交流和信息为目标。但是哲学对概念的使用并不遵循定见和日常的使用模式。它是一种创造性的使用，而非再现性的使用，这种用法在生命和文学之中都有直接的体现。

对德勒兹来说，定见就是思想的惰性或失败。定见是一种懒惰，它直接反对哲学概念的扩张。德勒兹与加塔利援引了这样一个例子来说明：一个人为了逃避他所讨厌的奶酪，而作出概括性的断言说所有奶酪都是不讨人喜欢的东西（Deleuze and Guattari 1994：146）。正是定见的这种倾向将世界的差异性缩减为"类似我的"存在物,这既减弱了思想的积极性质,又加强了现代资本主义的偏见,以为我们都是"一样的",能够在全球化市场上彼此互动:

> 在每一个交谈之中,哲学都处于险境,许多哲学的讨论都没有走出关于奶酪讨论的怪圈,总是包含着侮辱和世界观的冲突。交流的哲学是耗尽性的,它寻求如共识(consensus)那样的具有普遍性的自由定见,在这种共识之中我们再次遭遇到了资本主义自身的反讽式的知觉和感受。
>
> (Deleuze and Guattari 1994:146)

因此,在定见之中,我们是从一种特定的经验出发而将其概括为整体,从而削减了它的差异性和复杂性。日常定见是索然无味的(bland)和具有还原性的概括。这正如说:因为我被一个邻近的寻求庇护者所激怒了,所以所有寻求庇护的人都是懒惰的。我对毫无意义的同性(same-sex)约会没有兴趣,所以所有夫妇形式之外的爱恋都是邪恶的。定见从我的特定喜好出发去希求一种同质性的欲望,产生某种普遍的"主体"。哲学的概念通过拓展差异来反对这种具有还原性的和概括性的倾向。它创造了思考的新方法。就拿"爱"来做例子。定见会将爱还原为已知的形式——布尔乔亚式的婚姻——然后去排斥其他的形式:这不是爱,这是变态!在哲学上,概念则会超越任何例子或模式去思考权力和可能性:因而,"爱"不能被还原为任何给定的形式,无论是家庭的爱、同性的爱还是异性的爱。我们可以形成一个尽可能开放的"爱"的概念(Deleuze 1973:140),正如德勒兹所做的那样。爱是与另一个人的相遇,从而为我们开启一个可能的世界。这个概念并没有采取爱的某种形式——一对夫妇——然后说这就是爱。爱的概念意味着"与他者的可能的遭遇构成了整个崭新的世界"，它让我们去思考爱那尚未给定的形式，不是现实的而是潜在的形式。对德勒兹来说，概念就是这种超越我们的已知和经验的力量，就是去思考经验可能拓展到的领域。

概念不是仅仅为语言增添一个词语，它转变语言的整个形态。回到"幸福"的概念，我们就可以知晓这一点。弗里德里希·尼采（Friderich Nietzsche，1844—1900）是德勒兹最频繁地援引到的一个哲学家，他创造了一系列对德勒兹来说至关重要的概念。首先需要注意的是，哲学概念是不能被单独地考察的。假如我问你"幸福"的定义，你可能会说"那种使你感到快乐的东西"，或者"我们所有人都梦寐以求的东西"。但是哲学概念不可能是这些简单的定义，因为它们为思考创造了一个全新的路径：幸福的概念与这样或那样幸福的例子无关，它必须能够驱使或创造出新的可能性或关于幸福的思想。哲学概念并非是屈从于字典的定义，因为它们的力量在于开放性和扩张性。因此，我们必须通过它们所形成的新联系来理解它们。例如，通过尼采那一系列相互关联的概念，来挑战那种认为思想是一种世界的再现图像的想法。他认为，思考和概念是从现实之流截取片段，将其划分为可以管理的单元。对尼采来说，所有的思考都是一种隐喻的形式，它将流动性的现实替换为一个固化的图像，因此我们永远无法严格地或确切地言说我们所观察到的事物。比如说到"树叶"（leaf）这个词语，我们或许会认为它最初就是生长在树上的绿色物件，然后我们隐喻地使用这个词语，用它来指代一页论文。当然，问题在于"树叶"这个词语是任意的，无论

18

它指涉的是树木还是书本。在这两种情况下,我们都必须处理无限的差异之物——它们每一个都是彼此不同、千差万别的树叶——然后用一些普适性的词语来指代这些树叶。这样就会让我们产生一种幻觉,以为存在着某种普遍性的类型,比如"叶性"(leafness)之类的东西。我们想象存在某种我们的语言能够精确地和具体地指示或命名的固定的形式。恰好相反,尼采坚称是语言创造了概念,因为所有的语言包括文学语言都是隐喻性的。它将具体的和可感的世界指示为别的东西,比如符号或概念。因而所有的语言,恰好因为它作为语言,而具有创造性。然而,我们却产生了这样一种幻觉,即认为在语言的背后存在着某种真理,我们想象有多种言说和写作的方式(例如科学写作)可以让我们脱离隐喻而重返"真实"的世界。但是在表象的背后并不存在什么"真实的"世界,只有进一步的表象。不存在什么高于或超越于那可感的、流动的生命的本质性的"真理"。如果一旦有这种东西出现,它就已经是被某种特定的视角予以组织化的东西,而我们又总是从自身的兴趣出发来感知世界,虽然这是片面但却又是必须的,否则生命就不可能延续。这不是对真实世界的歪曲,这正是世界本然的样子:不存在高于表象的真理。根据尼采的说法,我们已然陷入了绝望之中,因为我们在语言和表象之外建立了一种"真实的"世界的概念。当我们无法企及这种世界的时候,我们就陷入了虚无主义(nihilism)。

　　根据德勒兹,尼采是第一个以"前个人的特异性"(pre-personal singularities)(Deleuze 1990:102)来构想世界的思想家;这就是说,不是以语言所能够组织的普遍性形式,而是以混沌的和自由漫游(free-roaming)的流动性来构想世界。所以概念并不是给现实贴标签或者将其系统化,因为现实自身本没有秩序或固定的存在，正是概念创造了这种秩序。因此对德勒兹和尼采来说，哲学概念理应是能动的（active）。它们应该呈现为创造，而非再现。尼采的概念在这个意义上拒绝简单的定义或演示，因为它们并非为了简单地贴标签而被创造。它们是积极的，是明确地创造联系的，而非反动的（reactive），因为反动就是将自身呈现为对已然秩序化的世界的标签。（德勒兹在他论述尼采的那本书里进行了大量关于"能动"和"反动"的伦理学探讨，法文版在1962年出版。它是对尼采进行全新的和激进的解读的一部分，德勒兹在1983年曾经提到这一点。）概念不是世界的精确图像；我们不应去努力创造一种尽可能地接近世界的科学或理

虚无主义

19

根据尼采，虚无主义是西方哲学的逻辑性归宿。哲学开端于对生命的禁欲主义：即为了某种更高的或更好的世界（比如真理的世界）而否定欲望。我们想象一个掩藏在表象背后的更真实的或更好的世界。当我们不能去掌握这个真实世界的时候，我们就陷入了绝望或虚无主义，因为我们丢失了这个我们从未获得过的更高的世界。这导致了怨恨（ressentiment），只因我们仍旧感觉到丧失了某种更高的或更好的世界，所以我们就将自身想象成是内疚的、有罪的和被遗弃的。这种倾向在基督教中最为明显，在基督教教义之中我们身处一个不可救药的堕落世界，所以我们永远是有罪的。对尼采来说，针对深陷虚无主义、退化和怨恨的恰当回应，不是去发现另一种真理的基础，而是我们对真理的救赎。我们需要有勇气和力量去与此时此刻的这个世界一起生活。

论。概念是哲学的,因为它们创造了那些超越了已知的或预设的思考的可能性。尼采的幸福概念就是这样一种概念。即便日常的概念指示某种外在的意义,例如我们会问,"什么是幸福?",但是尼采的概念却致力于创造多样性的和复多(diverse)的效应。对尼采(Nietzsche 1882)来说,"幸福"或"快乐的科学"会将自身从对某种终极的真实世界或某种具有特权的知识幻觉之中解放出来。幸福是积极地去生活的能力或权力,它肯定人在时间之中的特殊性或特异性。与此相反,假如我们试图去寻求某种看上去高于或超越于我们的真实世界,我们就是在"反动地"生活。尼采创造这个"幸福"的概念不仅为了区别于我们的日常理解,而且在建构这个概念的同时他还创造了一系列的概念和崭新的思考模式或风格。

我们应该看到尼采概念的复杂性,这样的概念不可能用定义来概括,我们不可能在不改变我们的基本预设的前提下去理解尼采的"幸福"。一个概念(在激进的意义上来说)并不为我们的语汇增添一个词语,而是让我们目前的许多词语产生脱节。例如,我们如何能够说真理并不存在? 我们可以说存在真实但不存在真理吗? 这种真实会不会将自身呈现为另一个真理? 概念总是挑衅我们,将我们从思考之路上拉出来,向我们开启新的"强度"(intensities):这是一种别样地观看之道。尼采并非将"幸福"的概念添加给语言,这个概念改变了语言的运作方式(Nietzsche 1961)。对德勒兹来说,哲学正是这种创造概念的能力,它可以改变我们思想的方向。这将我们带至哲学之于文学的重要性,以及文学自身的重要性。概念并不是语词,它是对思考方式的创造。德勒兹因此对语言有一种特别的理解,这种理解与诸多日常定见和众多的文学理论相悖。对德勒兹而言,语言不仅仅是我们强加于世界以便组织或区分我们经验的符号系统或陈规。任何现实的语言或符号系统,比如现代英语,都只是由于一个先在的(prior)问题才成为可能。语言的形式关系到我们接近世界的方式,因此语言是一种行动,或者说是对经验的持续质疑或创造。所以,语词取决于我们接近自身之外的事物之时的任务或方式(区分方法);词语赋予那些先于它们而存在的意义以秩序。

例如,我们之所以有现代词语"性欲"(sexuality),那是因为我们假设每个人都有一种可以指涉的特定的性向认同或倾向。而这种想法只有建立在现代个体的概念上才成为可能,这种现代个体的概念认为独特的个体高于或超越于他们的行为和身体,拥有着内在的自我和主体性。这些性欲、自我和身份的概念只有在描述和创造我们的某种特定问题的前提下,才是可能的。或许,今天我们被类如"我是谁?"和"什么是自我?"这样的问题所困扰。这是因为我们生活在这些问题的意义之中,我们正是凭着"性欲"这样的概念来回应个人问题。语言不仅仅是一个现实词语的集合;它还是意义的潜在面向,或我们的语词所组织和表达的问题。因为语言总是多于它的现实成分,我们才能够在不同的语言之中拥有同样的概念或意义。"幸福"或"幸运"(bonheur)的现实词语彼此不同,但是它们能够产生同样的意义或意思。意义是潜在的,当词语被使用的时候就被激活、被赋予意义或被思考。(一本书是书页和书签的现实集合,但是它的意义却是潜在的。)哲学概念创造新问题和意义的新环境。

对德勒兹来说,语言这个差异的语词系统,就是更为深远的差异的现实化。我们语言的语词试图赋予经验和生活的混沌和无限差异以某种一致性。语词和其他的文化现象正是管理差异

21

的方式,但是我们同样也使用语词来定义和促进差异。例如,可以简单地说,我们通常用概念来概括不同的情况,然后以一种更为细致的方式(像尼采那样)重新思考这个词语,譬如我们的日常词语"幸福"。我们语言的语词或者差异的现实系统之所以成为可能,是因为我们已经身处某种意义的环境之中。我们之所以有"幸福"这个词语,是因为我们思考到某种特殊性,因为重新思考这种特殊性总是能够赋予这个词语以新的意义。因此,德勒兹并没有说,因为我们说英语所以我们以某种方式进行思考,他也没有说,是语言"建构"了我们的世界或现实。恰好相反,我们需要观察到我们语言的现成语词之外的东西,去质疑它所预设的东西。在这里,问题并非像脑筋急转弯节目的问题那样,总是有一个正确的答案等着我们去揭晓。问题是一种创造未来的方式。植物生长和进化就是如此解决问题的,它们产生某种特征去规避掠食者,去最大限度地利用阳光和保持湿度。当面对"光照"这个问题的时候,不同的生命形式总是创造性地采取不同的对策:植物进行光合作用,动物有机体采用眼睛,艺术家则使用色彩。问题正是生命所要作出回应或质疑其自身的东西。当哲学家面对一个问题的时候,他产生出新的概念。尼采创造"幸福","快乐"和"无辜"这些概念,就是为了回应虚无主义的问题:为何我们要成为那个超越语言和表象的真实世界的奴隶?德勒兹就创造了大量的概念。比如,他的"特异性"(singularities)这个概念就是去试图思考被我们所忽视的、没有被我们所概念化的那些差异。因此,他正是反对这些倾向,要以思想去解决那些最显著的问题或者我们最缺乏抵抗性的问题。

感受(affect)

如果哲学是将语言从对概念和问题的简单定义和定见的固

化之中解放出来,那么艺术则是创造感受和感知。感受是发生于我们身上的东西(作呕,或闻到奶酪味道时马上掩鼻);知觉是我们所接收到的东西(气味,或者味道本身)。在艺术上,感受和感知将这些力量从特定的观察者或者体验着它们的身体上解放出来。简单地说,可以想象一下一部小说中所呈现的"恐惧",即便我们并不害怕它。感受就是对它们的独特性的感性经验,它独立于组织化的再现系统。诗歌可以创造一种恐惧的感受,但不需要有一个令人恐惧的对象,例如令人恐惧的原因或人物。艾米丽·狄金森(Emily Dickinson,1830—1886)的许多诗歌就通过令人恐惧的语言和心情描述了一些最无害的对象和情景。这些诗歌其中一部分并非通过描述对象而是通过节奏和停顿来达到这种效果,因此正是意义的缺失、停顿、犹豫或者回撤创造了一种恐惧的感受:这种恐惧既不在于某个角色,也不导向某个对象。下面是她的诗歌《287》,它使用了狄金森典型的意象,这些意象通过连字符隔离开来,因此恐惧是对象和它的联系物产生的感受,而非任何诗歌中的说话者或角色所致。这首诗采取了一个对象的视角,即一只停止运转了的钟的视角。

一只钟停止摆动—
不是曼特尔的—
日内瓦的最遥远的工艺
不能让上面的木偶鞠躬—
那只是刚才停止摇摆—

一种畏怯降临到它的饰件上!
木偶弯腰,痛苦地—

颤抖着迈出一格——

步入寂然的正午——

它不会烦人地要求修理——

这冷静的钟摆——

这店员强求它——

冷淡的——漠然的,没有——

来自镀金指针的嘀嗒——

来自瘦削秒针的嘀嗒——

数十年的傲慢横亘在

表盘的生命——

和他之间

（Dickinson 1975）

23　　　　钟显示了时间的停止,一种非人的死亡或生命的不在场。诗中提及的这种感觉脱离于任何个人,"一种畏怯……"。这首诗呈现了一个坏掉了的机器的具体形象。恐惧的感受通过停顿而产生,这停顿位于实实在在的损坏和倔强的钟之间,它拒绝所有的维修和前行的时间,以一种非人的"傲慢"中止了所有的生命。虽然这首诗歌也提到了在时间之中神秘地收回所有生命的神（"他"）,但这却不是一个可以被识别的神,不是一个会帮助我们安置和处理恐惧的神。恐惧、害怕、缺失和隔离在诗中并没有被命名,而是在我们所拥有的时间意象（"表盘的生命"）和时间的终极主宰（"和他……"）之间被唤起。狄金森的诗将恐惧的感受从日常认知之中分离,以一种非人的形式呈现出来,而在

日常认知之中,我们的恐惧对象总是人化的,比如地震和其他
灾难。

20世纪英语剧作家哈罗德·品特(Harold Pinter, 1930—)
是一个创造"无聊"感受的大师。这是通过对话中长时间的停
顿,人物的轮流提问(而非问答),无指涉的对象和方向的互动
来实现的。这种无聊既不是品特的故事人物的无聊,也不是他
的剧作的无聊,而是故事人物们揭示了现代小资生活的无聊。
无聊被创造成一种总体上的感受。展示给我们的无聊,既非无
聊的人物也非无聊的戏剧。这是一种对非人感受的创造,它能
够使艺术从日常生活经验之中分离出来。在日常生活之中,我
们会发现自己很容易简单地拒绝一部小说或人物,因为它们太
"无聊"了;当我们这样做的时候,就好像无聊是一个可以指认
的对象似的。但是伟大的艺术解放我们的感受,使得我们不再
简单地指认和区分无聊的感觉、恐惧的感觉和欲望的感觉。使
感受从它们被识别和指认的起源处脱离出来正是艺术的任务。
品特的戏剧之所以是感受的呈现,那正是因为它们被置于最意
想不到的情景之中:例如婚姻和小资生活之中的威胁和恐惧
(《情人》,*The Lover*, 1962),或者慈善和好客行为之中的敌意和
暴力(《看门人》,*The Caretaker*, 1959)。

艺术上所呈现的感受打断了我们在语词和经验之间的日常
的和定见的联系。对于德勒兹来说,我们已经看到了日常定见
将概念概括和还原为它们的已知形式的方式。德勒兹说,日常
定见也是一种限制,因为它假设有一个共同的世界,在其中我们
通过语言作为信息和交流来分享这个世界。定见不仅假设一个
现时的和共享的世界,它也假设一种常识,于其下思想采取同样
"正确的"形式在理性的接受者之间传播。定见或公理(doxa)

在感受和概念、所见和所说或感性和智性之间产生直接的联系。定见以为世界可以容易地被翻译为一种我们全都能共享的共同语言和经验。回到我们上面所说的关于奶酪的例子，可以想象一下有人带了一些戈尔根朱勒干酪（gorgonzola）来到餐桌上，那气味刺激了我的鼻子（这是一种感受）。我不说："我不喜欢这玩意儿。"我说："这压根儿不是食物"，或者"任何有品位的人都不会购买这玩意儿"。这样，我就从一个可感的感受（我的身体对气味的畏缩）直接过渡到了一个概念，即奶酪的"糟糕"。在定见之中，我们总是很容易从感受过渡到概念。例如回到上面所说的狄金森和品特的例子，在定见中我们就好像已经知晓了恐惧和无聊的界限和方位似的。但是艺术能为我们打开感受的全新的可能性：观看到来自钟表意象的恐惧，或者弥漫于生活之中的无聊。出于生活的目的，思想不可避免地要采取某种简化的形式。在高度复杂的知觉之中，我总是倾向于感知某些可以辨识的和重复出现的对象。我并没有感知那构成时间之流的每一分钟的时间差异。我看到的外在对象总是相同的。我不将自己当做感知之流，而是将自己看作一个有身份的人。因此，当我经验到例如颜色、声音和质感等数据的时候，我将它归为一种日常概念。但是艺术却以另一种方式进行处理。它将有序的经验之流分解为它的特异性。在关于少数文学（minor literature）的章节里面，我们将会看到它是如何在文学里面运作。在下一章，我们将会思考视觉艺术的案例：电影。德勒兹坚称，每一种艺术形式都有其自身特别的权力。

正如我们不能假设存在一个统一的思考着的主体——无论他是在思考哲学、艺术还是科学都是同一的那样，我们也不能假设所有的艺术形式都能被归诸某种共同的基础。我们可以确认的是,艺术与知识无关,因为知识是揭示"意义"或提供信息。
艺术不是一种装潢或风格,不是为了使素材变得更加好看或者
更便于消费。艺术或许也有意义或者信息,但是使其成为艺术
的,不是它的内容而是它的感受性、它的可感性力量或风格,正
是透过这些东西内容才得以传达。例如,如果我们仅仅是想知
道故事或者道德方面的信息,那么为何我们还要花两个小时去
看电影?然而,无论艺术与它的其他功能如何混合在一起,它确
实产生风格和可感性的感受,这个事实为我们的思考提供了启
发——即心灵不仅是为了信息和交流而存在的机器,也是我们
欲求感受和运作感受的机器。

问题、创造和伦理学

德勒兹坚持认为概念是对问题的回应,这是毫无疑义的。
他的哲学和文学的概念都是对一个特定问题的回应:为何思想
要将自身局限在陈腐和天真的案例之中?德勒兹创造了一个特
别的文学概念。文学与书籍或文学研究无关,它使我们去思考
一种将语言拓展到其自身极限的方式。德勒兹创造的哲学的概
念则是指一种别样地思考的能力。因此德勒兹创造的哲学概念
恢复了我们对哲学这个词语的通常理解。对德勒兹来说,哲学
这个词语让我们的思考与那种标准的或习以为常的思考方式相
抗衡。哲学通常产生于日常生活之中毫不起眼的例子,此时我
们总是预设了一种既定的和顽固的思想形象:"这是一张椅
子",等等(Deleuze 1994:135)。德勒兹的新哲学概念是作为概
念的创造,它努力让思想超越标准和辨认。我们如何能够将思
想从这些限定的形象之中解放出来?

首先我们需要(通过哲学)创造新的概念和(通过艺术)新

的感知和感受。感受和感知是艺术的效果,是德勒兹想要"非人地"(impersonally)思考的可能性。英里有一种科学的功能,因为它非人地测量空间:我们不会将一英里思考为12分钟的步行距离,而是作为一个统一的计量单位,这不会因为我们选择步行、自行车或汽车等不同交通方式而改变。因此,感受或感知总是非人地思考感性的方式。亨利·詹姆斯(Henri James)的小说《鸽之翼》(*The Wings of the Dove*, 1902)就将"欲望"呈现为一种非人的感受,它呈现的不仅是具有这样或那样的特征的欲望,而是激起或唤起一种普遍意义上的欲望。一部恐怖片展现恐怖的时候,在人物或观察者的恐惧之外总是有一种恐惧感是电影所采用的。恐怖片不是关乎恐惧,或者对恐惧的再现,它关乎一种我们或许曾经感受过的或者未曾感受过的恐惧感。早在观察者或人物未曾实际地受到惊吓之前,我们就已经在这种普遍的恐惧感受或恐惧环境之中观看电影了。正如艺术创造非人的感受和感知那样,科学也创造非人的功能,例如将时间和空间思考为不依赖于任何特定的观察者的度量,同理,哲学也创造非人的概念。概念之所以是非人的,正是因为它不是表达"我思",而是一种让思想超越任何给定的"我"或"主体"的努力。但是只有当我们拥有一个关于何为创造的宽泛的概念之时,我们才能够真正地在哲学上和艺术上进行创造。

对德勒兹来说,创造不是一个附加在稳定的和惰性的生命之上的变量行为,并非先有生命,然后才有事件或创造的行为。所有的生命都是创造,但却是针对它的特定性或"特异性"的倾向的创造。我们理解事物的时候,不是透过它那不变的形式进行,而是试图去辨认它那与众不同的存在方式或创造方式,它那特别的问题式。因此,假如我们想要去理解令德勒兹产生兴趣

26

的问题式，我们就需要去观察他所创造的艺术和哲学的概念。他认为，创造这些概念能够让我们向思想的新权力而敞开。这种创造性不仅对于哲学非常重要，而且对辨识哲学与文学创造的差异来说也非常重要。假如我们认为存在某种终极真理或意义，那么我们如何去接近或再现它就是无关要紧的。这样，无论我们是以哲学来提供世界的逻辑，以科学来提供世界的法则，或者是以艺术来再现世界，都是无关要紧的。（这三者都着眼于同一个世界之上，去再现这个世界）。但是正如我们所见，德勒兹坚称世界不是某种位于思想之外，等着我们去再现的东西。我们既不可能将思想和生命相割裂，也不能将思考世界的行为和世界自身相分离。正如生命有许多模态那样，思想也创造它自身的不同"世界"。德勒兹区分了我们生活的世界和"宇宙"（cosmos），后者通过这些世界得以表达。不存在一个单一的世界，然后它才被科学、艺术和哲学去多样化地再现。但是却存在多样的世界：科学的世界是功能的、有规律的和"事物的状态"；哲学创造的世界是"概念的平面"；艺术创造的世界则是感受和感知。

我们看到，对德勒兹来说，定见直接从感受到概念，它创造一个总体化的"主体"，假设一个共同的世界。德勒兹和加塔利认为定见的存在是政治性的："它从感知之中抽象出抽象的性质，从感受中抽象出总体化的力量，在这个意义上，所有的定见都已然是政治的"（Deleuze and Guattari 1994：145）。这难道不正是我们自己实施道德判断和偏见的方式吗？比如，我在公共汽车上听到了一种亚洲的土话，但是我听不懂，于是我说"这不是文明人用的语言"。某人的性取向不是我所喜欢的，我就说"这是变态的"或者"这是邪恶的"。德勒兹反复地坚称他所做

27

的是朝向一种"超善恶的"伦理学。这意味着不再假设某种附
加于世界的价值观或意义(善与恶),因为那样我们就会毫无置
疑地从世界直接过渡到判断;我们需要去考察我们是如何从我
们自身特定的、可感的和特异的方式所感知到的世界过渡到概
念、判断和价值的。为此,我们需要分离感受和概念。

　　上文提到,对德勒兹来说,概念不是我们贴在事物之上的标
签。哲学将概念展示为创造物,展示为我们接近和感知事物的
富有生产性的方式。相比之下,艺术则关乎它的感受和感知。
我们通过摧毁我们的习惯思考模式去摧毁定见和常识。我们不
应假设存在一个可以找得到价值的简单的世界秩序。我们需要
去观察我们是如何构成我们对世界的感知的,去观察这些感知
(感受)的力量和我们是如何去创造决定、判断和概念的。

小　结

　　德勒兹描述了思考的三种权力,分别是科学、艺术与哲
学。科学将世界确定为可以观测的"事物的状态"。哲学创
造概念,这些概念不是对世界贴标签也不是再现世界,而是
产生一种新的思考和回应问题的方式。艺术创造感受和感
知。感受和知觉落实到具体的人或视角,但是感受和感知则
是一种从感兴趣的事物或组织化的主体之中解放出来的感
觉或意象。我们不能将我们从哲学和科学中所获知的东西
和我们从艺术之中所感知到的东西归诸某种世界的连贯图
像。恰好相反,假如我们要表达思想中每种倾向的真正力
量,我们就会解放我们生活世界的差异。

电影：知觉、时间与生成

在这一章中，我们将考察德勒兹的两本关于电影的著作：分别是 1983 年和 1985 年出版于法国的《电影 1：运动—影像》（*Cinema 1：The Movement-Image*）和《电影 2：时间—影像》（*Cinema 2：The Time-Image*）。从一方面来说，这些书显然是关于电影的著作，因为德勒兹总是努力去发现每一种艺术和人类思想的独特之处。他不是把电影仅仅看作另一种表达故事和信息的方式，而是认为电影的形式改变了思考和想象的可能性。从另一个方面来说，它们也是哲学著作。这不仅是因为德勒兹援引了法国哲学家昂利·柏格森（Henri Bergson，1859—1914）的理论，他利用电影将时间、运动和作为整体的生命予以理论化。但为何德勒兹用他最一般的哲学论调来联系电影分析，这里有很明显的原因。德勒兹认为哲学必须保持向生命开放。正如我们目前看到的那样，电影或许是现代生活中最为重要的事件。只有通过电影，我们才能思考一种与人类之眼无关的"观看"模式。

因此,电影提供一种类似知觉的模式:一种没有主体的但能接收知觉素材的方式。但是德勒兹将电影的可能性发展得更为深远。面对电影,将会为我们开启一种新的哲学,它之所以能够这样,不是因为我们将哲学应用于电影,而是因为我们让电影的创造转变了哲学。德勒兹用两组宽泛的概念来考察电影:关于早期电影的运动—影像和关于现代电影的时间—影像。这就让我们能够重新思考时间和运动,让我们重新获得作为整体的生命的问题所在。德勒兹的两本关于电影的著作都表达了他关于生命权力的主张:它应该超出人类的、可认识的和已然给定的形式。这主要是通过对时间的想象来达到的,根据德勒兹的说法,正是电影提供了时间自身的影像。

德勒兹在其写作的两本关于电影的著作中,运用了电影最极端的可能性来开发了一些他最重要的概念,包括潜在(virtual),时间—影像和"知觉"(percept)。事实上,由电影产生的时间—影像这种概念,也使我们能够重新思考概念本身的性质。因为根据德勒兹的观点,时间—影像是时间自身的表达,这就迫使我们去面对生命的生成和物力论(dynamism)。但是当德勒兹使用电影作为例子证明一种艺术是如何转变思想的时候,电影就不仅是一个例子了。他认为,为了处理电影的独特性,我们或许也应该重新思考哲学:"电影本身是影像和符号的新实践,哲学应该把它变成概念实践的理论"(Deleuze 1989:280)。下面我们会看到电影需要一种全新的思考方式,因此它的支流能够被考察至电影之外。德勒兹追踪考察了电影从运动—影像转变到时间—影像的力量。运动—影像是电影的第一波,在这里摄影角度的运用穿越了可视的范围,给予我们运动的直接印象,因此它开启了我们对生命运动的思考。在时间—影像中,我们不再间接地表现时间(时间从属于一个接着一个的运动),因为在时间—影像中时间向我们呈现它自身。这里有一个关键的方法论。我们开始以它自身所是的方式来理解它最极端的独特性,所以我们以电影自身的方式来观看它,而不仅是将其看作艺术的另一种形式。但是一旦我们理解了这一个事物的独特性和差异,这就可以让我们能够重新思考任何一个事物,因为整体的生命就是通过每一个时刻的差异化来实现自身的转变的。

电影化

电影化效应对于电影来说是独一无二的,所以我们不应该将电影当作文学的次要形式。那些抱怨电影"一点儿也不像书本"的人应该去阅读书本。(同样地,抱怨某种哲学理论"不够精确"的科学家和抱怨某部小说"不够逻辑"的哲学家,仅仅是将其自身的教条化的思想形象强加在另一种思考的可能性之上。)当电影最为电影化的时候,电影的效应就得到了最佳的揭示,这时候它不是试图去复制日常的景象或者以文学的方式重新创作一部小说,例如以画外音的方式开始第一段的叙述。为了理解什么是电影的电影化,我们首先要问电影是如何运作的。电影采用许多相互连接的影像来组成一个段落,它通过镜头的非人之眼来剪接和连接这些段落,因此它能够创造许多具有对抗性的视角和角度。使电影电影化,就是将电影从任何一个单独观察者的片段化的影像中解放出来,因此电影的效应就是"任意视角"的呈现。我们日常观看世界总是从一个我们感兴趣的和具体的角度出发进行观看。我将这些知觉之流组织化,从而形成"我"的世界。我将这个东西看成是一张椅子或一张桌子,我之所以能够做到这一点,是因为我已经假定了一个拥有

31

家具的世界(我的世界),所有组织化的图式(schema)都因而依赖于此(一个拥有工作、办公室或其他等的世界)。然而,电影能够呈现从这种日常生活的组织化结构中解放出来的影像或知觉,它通过最大化地运用其自身的内在力量做到这一点。最大化地运用一种内在的力量正好与同一化相反。如果电影试图重写 19 世纪的小说或者变成科学和文献的忠实媒介,它就会克服那些使它成为电影的东西。然而,如果电影最大化地运用它自身的力量,通过强化它的连接、剪接和将影像片段化,它就会分流成为思考的另一种模式。通过生成无穷的电影化,电影能够向整体的生命提出挑战。影像段落,这种电影用以顺应生命的技术方式也同样能够用来转变生命,它通过扰乱段落来做到这一点。德勒兹将会解释电影技术是如何以力图再现生活的现实主义开始,最终发展到改变生命知觉的可能的。

电影就像日常知觉那样,将不同的影像之流连接成一个有序的整体。然而有那么一个时刻,电影将这种进程拓展以将我们从现实化的对象和整体中抽离出来,让我们置身于影像之流中。与将这些影像连接或综合成有意义的东西所不同的是,电影能以其"纯粹视觉"(purely optical)(Deleuze 1989:2)来呈现影像。例如,在斯蒂文·索德伯格(Steven Soderbergh)2001 年的电影《毒品网络》(*Traffic*)中,故事在美国中产阶级那清晰的和现实化的段落与墨西哥那红褐色调的影像之间摇摆不定。淡黄色的墨西哥"故事"使我们不能将整个叙事看作是一个独立的和连贯的叙述。似乎在这里,"墨西哥人"或"他者"的故事清楚地表现为影像、观点和美国电影想象的投影。电影本身,电影的素材——它的黄色不是那些我们通过把握现实所看到的东西,我们看到的只是"观看"本身。对于德勒兹来说,电影有能力使我们从将影像组织化为一个共享的外部世界的倾向之中解放出来。我们看到影像化自身。或者更准确地说,电影中并不存在组织化的和预设的"我们",只有"影像化"的呈现。

如果我们知觉的时候能够不将我们的兴趣或实际的联系和选择强加于影像之上,我们就有可能获得影像自身的意义。一般而言,艺术恰好有能力表现德勒兹所谓的"感受"和"知觉"。德勒兹更为明确地主张,电影艺术不仅在于它能从概念的组织化中解放出来,而且在于它是关于时间和运动的影像。正是镜头能够脱离强加的概念,而进行"观看"或"感知",才使得电影那机械般的运动如此之重要。镜头并不从一个固定的视角出发对影像进行组织化,但它自身能够在运动之中进行运动。这就是运动—影像的力量,我们会在下面看得更为清楚:这是将运动从组织化的视角中解放出来的力量。类似地,我们对时间的标准知觉也是固定的和由兴趣确定的,我把我过去的存在影像化,以便我能够激活我的将来。甚至,我们倾向于通过运动思考时间,从我们固定的观察点出发,我们用时间来表示我们周围的变化。按照惯例,时间被思考为或被再现为一个连接着许多运动的瞬间,以组成一个知觉的整体的"现在"或"当下"。因此我们倾向于将时间空间化,将时间看作一条连接着大量动作的线条。

对于德勒兹来说,电影的力量在于它能够给予我们时间自身的直接和间接的影像,而不是从运动之中衍生出时间。我们从运动—影像之中得到时间的间接影像:如果当运动体运动时,镜头自身也进行运动,镜头就在运动体之上创造了另一种运动,我们就不再将运动思考为在一条单独的时间线中综合而成的点。我们看到了运动自身,它以千变万化的形式出现,由许多单独的视角组成。在时间—影像这种更为复杂的影像形式中,我们得到时间的直接影像。考虑到时间是差异和生成的力量,我们就可以通过它从潜在通向现实,从所有可能的创造和倾向抵达现实化的事件。对于德勒兹来说,这意味着我们经验到的时间被一分为二。这里存在着潜在的过去或非人的记忆,以及生活时间的现实之线。我们生活的世界或生活是这种纯粹的或非人的记忆的现实化,但是记忆或时间的纯粹状态和整体状态同样能够干扰我们的世界。例如,在文学方面,德勒兹写道,一个人物的日常经验能够被一个过去的事件所影响,例如独特的童年记忆。詹姆斯·乔伊斯(James Joyce)出版于1964年的小说《一个青年艺术家的肖像》(*A Portrait of the Artist as a Young Man*,1916)里面,斯蒂芬·迪达勒斯(Stephen Dedalus)不是说英语,他回忆起某个词语对他来说是噪音和声响,而不是有意思的或有惯常意义的时刻。一个记忆只有当它是真实的,并且潜在地存在于当下的近旁时,它才能够干扰现实的当下。从这样一种人类的记忆出发,例如斯蒂芬·迪达勒斯回忆起语言的开端处那样,我们能够过渡到非人的记忆:这里语言不属于任何实存的说话者,它就像作为整体的"我们"的过去,作为一种我们得以显现的过去。潜在对时间序列的这种干扰给予我们一种新的时间影像,一种向着日常动作演变的时间,它为了生命而连接影像,它是一种保存着所有的事件和整体生命的生成的记忆时间。时间向前演变,产生了有序的现实世界,但时间同样也有一个永恒而潜在的组成部分,它包含了所有向着未来开放的倾向和一种总是起干扰作用的过去。在特定类型的电影之中,我们通过"非理性剪辑"(irrational cuts)获得了这种潜在—现实的分裂的影像。声音和视觉影像并不同步地向我们呈现。视觉影像并不是根据活动的事物或有序的整体而形成的,这种影像不是从某种视角出发的某种世界的影像。这就给出了特异性:例如,运动的意义并不是从这种视角出发的运动体的意义。特异性是非人的事件,我们从中将世界组成实存的身体。电影的特异性会呈现很多并不联系和组织化为一个有序整体的颜色、运动、声音、内容、音调和灯光。由此它会将我们带回到有序的世界,在这里我们着眼于日常水平,并且它让我们思考那些生命所在的特异性和特定的差异。

> 特异性是真正的先验事件……特异性远非个体的或个人的,它统辖着个体和个人的起源,它们通过一种既不是"自身"也不是"我"的"潜能"而得以区分,但这种潜能是通过现实化或实现它自身的方式而产生了它们……只有一种特异性的理论才能够成为人的先验综合和个体的分析,它使他们(造成他们)拥有意识……只有当世界充满了匿名的和游牧的(nomadic)、非人的和前个体的特异性,保持开放状态,我们才能最终踏上先验的领域。
>
> (Deleuze 1990:103)

电影、普遍性和思考的伦理学

当我们观看电影的时候,我们确实倾向于去解释或将那些素材综合成某种叙述、角色以及意义。虽然大多数电影的形式或主流电影的运作都是通过这种不显著的方式,但这并不意味着我们应该接受它作为电影的全部能力。恰恰相反,德勒兹对任何事物的定义——例如思想、知觉、电影、科学和小说,都不是声称要解释某物是什么,而是某物的起源或它如何变化。这意味着考察某物就要考察它的"第 N 种力量"。疯狂、愚蠢和恶意

34

告诉了我们关于思考的什么东西？病毒和基因的变异而非固定的物种，告诉了我们关于生命的什么东西？例如科学，它不是科学报告的集合或总数，它是一种以公正的观察者角度将世界看作事物的状态的能力。我们通过事物生成的类型而不是它已然给定的形式来定义它。如果我们将电影推至它的极限，它会是什么呢？电影的产生不是通过综合的整体和人类观察者，而是通过机械的和独特的镜头影像，并且利用剪接和多种多样的视角。

正如所有艺术那样，电影有可能以这样的方式来运作——通过间歇或其影像的独特性，从而它的生成过程得以被展示。一般而言，感受只是一种合情合理的感觉，而不是组织化的意义。（感受在某种意义上是概念的对立面。概念让我们脱离感觉去思考一种形式或关系；我们拥有"圆"的概念而不需要感知到任何圆的东西，而且我们更能够进一步去预测我们可能会遭遇到的圆的东西。概念给出了我们思考的秩序或方向。）我们的经验将它自身作为感觉素材的混合物和组织化的概念来呈现，但这并不意味着我们不能思考感受（那些向我们袭来的影像）和概念（我们对那些影像的回应和秩序）的差异。对德勒兹来说，这意味着我们能够将经验作为它实际上之所是（经验的实际形式），并且将它区分成其潜在的构成部分。当然，并不存在一个不用通过某种物质性或感性就能够发生的概念。我们总是必须要有一个词语或声音才能思考概念的运动。同样地，艺术总是有某种秩序、综合或意义。（德勒兹并不认为艺术仅仅是无意义的感受。）事实上，艺术作品通过经验的构成将我们带回到感受之中去，这些感受正是那些被综合的整体得以从中显现的东西。电影是通过运动—影像和时间—影像这两种方式来做到这一点的。

德勒兹形成时间—影像和运动—影像这两个概念是为了让电影事件转变所有的思考。根据德勒兹,概念不是一个简单的标签,而是给出思考之方向的创造。现在,关于哲学概念和艺术感受之间的联系,时间—影像和运动—影像这两个概念能够给予我们一个更清楚的意义。电影的感受包括那些运动的影像,所以运动自身就被呈现出来。它和那些人们感兴趣的和组织化的运动相反,因为那些运动由眼睛所标识,而眼睛是通过在这些它能够选择和掌握的对象之间穿越或标识的时候找到它的运动路径的。这种运动—影像的定义因而必须以运动最激进和极端的形式来进行思考,它并不是日常生活和日常关注的那些运动的混合物。在大多数场合,我们感知影像和运动都是从一个包含意义、意图和我们自己的关注点的视角出发的。理解运动自身意味着形成一种纯粹或潜在状态的运动的概念:我们所思考的运动,不应该是从某种固定视角出发的某个对象的运动。这是概念所做的事情:它并不是一个最普通或最为日常的经验的标签。它试图去思考和想象最极端的情况,事物的特异性正是在此使经验得以开放。我们永远不可能实际地看到一个纯粹运动的世界,我们总是以固定的有联系的方式观看运动,但是概念能够将我们从实存的和日常的世界中抽离出来,让我们面对潜在的可能性的世界,我们的世界就是由运动所组成的。概念力图从我们以固定视角组织化的和相对运动的世界之中思考运动。理解德勒兹如何产生和运用这些概念,有助于理解他的方法的激进性。正如他关于电影的著作中所证明的那样,整体的任务在于识别特异性:即回到我们构成的和秩序化的世界去思考那些被构成的差异。哲学和艺术作品组合于此。艺术表现那

36

些从组织化的和意向的视角中解放出来的独特的感受和知觉。哲学力图去思考这些特异性的可能性：产生了这些差异的运动是什么呢？这意味着要考察那些例外的而非日常的案例，所以这不是一种依赖于常识或日常以及典型的方法。因为事实上我们很少能够企及这些艺术的运动，在这些艺术的运动之中，我们从常识的秩序回归到特异性的混沌中去。对于德勒兹来说，虽然思考的伦理学依赖于某物如何运作以及它能够做什么，但它并不依赖于任何已有的规定。

思考不是概括（generalising）。与堆砌特殊性然后就概括出某种共性所不同的是，德勒兹坚持特异性和普遍性，因为前者（从特殊性到概括的过程中）会错失所有的差异。普遍性捕获每一个独特事件生成它自己的方式，捕获它特定的差异的力量。普遍性不是被规定的，在所有的例子之中它无论如何不是一种概括。比如，一个概括会将我们所知的所有人类抽离出来，然后将他们作为人类的共同特点列举出来：这样一来，如果我们所知道的所有人类身高都在五英寸以上，我们就会说这种特定的身高标准是人类定义的一个部分。从另一个方面来说，普遍性并不比较给定的性质，它努力去识别那些使某物成为它自身的特殊性。所以，当我们所知道的所有人类是五英尺或者更高，我们仍然能够想象某个四英寸高的人。但这要求我们的思考要超出给定的事物，它同样也要求我们积极地选择那些我们用来定义人类的东西：说话、理性或思考的能力。普遍性正是选择性的和潜在的。因此在德勒兹关于电影的著作中，他考察电影时并不着眼于电影通常或典型的情况下是什么。他采用那些被他看作是例外的电影形式——例如奥逊·威尔斯（Orson Welles）和阿兰·雷乃（Alain Resnais）的电影，主张他们揭示了电影的电影化。不是所有的人类都会从事激进的思考,但是思考却是一种独特的人类力量。不是所有电影都把玩影像的力量,但是使影像从固定的视角中解放出来的力量或潜能却是使电影成为电影的东西。电影拥有它自身创造差异的方式。正如人类的生命能通过思考来转变它自身一样,电影能够通过影像的使用来转变它自身。考察电影化影像的普遍性,意味着考察影像是如何能够差异化,如何能够不被化约为任何通常的形式。对于德勒兹来说,创造概念让我们去思考什么是普遍性,这对生命的伦理学来说是至关重要的。如果普遍性就是允许我们去思考任何事物的特定差异或生命的模态,那么普遍性就是一种将我们从教条、前概念和偏见中解放出来的方式。它引导我们去思考特定的差异而不是概括。思考的伦理学在于它与将差异缩减成通常形式的方向相对立,当我们思考的时候我们就正在差异化。对于德勒兹来说,这就是为何我们不能将伦理学建立在一个通常的"人"或"人性"的形像之上。我们不能将自己是谁或可能会变成什么人局限于任何我们已经所是的形象之内。

电影的出现给予我们一种僭越的(transversal)生成形式:这不是建基于某种存在并通过时间来简单地展开的生成,而是面对每一种新的遭遇而发生改变的生成。生成不是某物之所是的展开。事物(例如人类)能够通过它与其所不是者的遭遇来转变自身的整体生成方式,例如电影就是这样。如果我们遭遇电影的镜头,看到的不是某种我们已经认识的东西,而是一种挑战我们认知的东西的时候,就是这样。

感受与无序的知觉

德勒兹关于电影的著作对展开他的时间哲学至关重要。这不仅是一种"哲学",因为德勒兹认为只要我们重新思考时间，我们就能够转变我们自身以及未来。以不同的方式去重新思考时间的能力，既是艺术与哲学的驱动力也是生命生成的关键。再就是，这是因为例如艺术、科学与哲学的思考模式不是慵懒的认知或反映，它们是我们借以改变自身的媒介。其次，电影不仅仅是我们从中遭遇时间的一种形式，它不是哲学的另一个例子或客体。我们对哲学的实践和思考将会因电影的出现而转变。（我们可能会说文学也同样如此：例如，布莱特·伊斯东·艾利斯[Brett Easton Ellis]写于1999年的小说《魅力戏剧》[Glamorama]就是通过大量镜头视角的镶嵌而写成。）

这里产生了一个重要的辅助性的观点。如果我们认为电影的发明及技术能让我们别样地思考，那么我们就会承认思想自身并不具备它生来就有的属性。即使是机器也能转变思想，比如镜头的技术可能性。因此，思想不是某种我们能够一劳永逸地定义的东西，它是一种生成的力量，它的生成能够被转变为思想自身所不是的东西——思想的外部或者非思想。思想不是某种"我们"做成的东西，思想从无到有地在我们之中发生。这是思想所必须的，因为思想事件来自自主的选择之外。思想总是在发生。在此同时，这种必然性又同样地肯定了机会和自由，我们并非被一种秩序或已然给定的结局所局限。真正的自由在于肯定事件的随机性，而不是被我们是"主人"或世界不外乎是我们拥有的有限知觉这些东西所欺骗。思考自由永远需要思考它自身之外。

感受对于思想的这种"暴力"是至关重要的（暴力在这种意义上是某种发生在我们当中超出所有道德判断的东西）。我们能够通过一种前个人知觉的形式来思考感受。我看到电影中的一个场景时心跳加速,我的眼睛竭力地回避,并且我开始冒汗了。在我思考或进行概念化之前,存在着一个先于任何决定的反应的因素。感受是强度的(intensive)而不是外延的(extensive)。外延将世界空间化地组织起来,形成区域的分布。对知觉的秩序化和综合给予我们一个有着各种各样广延对象的外部世界,所有的一切都被测绘为一个共同的空间,差异仅仅是程度上的。日常视觉就是采用这种外延的形式。我看不到世界上的颜色、音调和结构随着每一个时刻不停地变动。我只能看到一个个彼此分离的对象,在时间中保持稳定,总是处于一个独立的和统一的外延空间。外延性通过预设的意图和目的对世界进行测绘或综合。(我走进我的办公室看到那些我要看的书,那张我要坐的椅子,等等。我将世界看成一个有着不同功能的、在时间中延续的世界。)由于感受在我们之中发生和穿越,所以它是强度的,它不是将一个事物对象化和量化,从而使我们能够感知或意识到它。感受以多种多样的方式在我们身上起作用,在不同方式上起差异作用——光线使我们的眼睛竭力回避,声音使我们心跳加速,暴力的影像使我们热血沸腾。德勒兹因此诉诸强度。

如果我们按照惯常情形,将世界看作一系列具有外延性的客体与一个统一的可测量的空间的一部分,这是因为我们将强度综合了。强度不是性质——例如红色,它是性质的生成:比如说,燃烧和红外线的波动使我们最终看见了红色。对于德勒兹来说,正是电影在时间之中将影像组合起来,所以它能够呈现强度和感受。它能够分离影像的日常秩序——我们通常将世界按照所期望的事件之流的方式予以秩序化,并且让我们不按照标准的秩序和意义来体会这些感受。或许大卫·林奇(David

39

Lynch)的电影最明显地以电影化方式运用了各种各样的感受和强度,他将情色的欲望影像、暴力与温和的声音和行动结合起来。在他的电影中,使眼睛退缩躲避的内在毁坏的影像常常与平静的音乐音轨结合起来。主体视角将影像组织成一个为我们而存在的有意义的世界,但艺术中强度的增殖则破坏了这种统一视角的影像。强度扭曲或扰乱了这一切,当记忆或判断在恐惧中退缩时,眼睛能够产生欲望。或者,就像大卫·林奇的许多电影那样,眼睛也能够同时抽离出来并击退这种恐惧。

在电视剧《双峰镇》(*Twin Peaks*)中,曾经一度代表美国本土美人的形象的劳拉·帕尔梅(Laura Palmer)的身体,被高度情色化地表现。同时,身体又是一具有着蓝色肌肉和具备所有溺水而死特征的尸体。通过这种以及其他的方式,电影将影像和感受从一个单独判断视角的统一力量中分离出来,产生出与男人的道德形象不一致的感受。事实上,我们通常从强加给我们共同秩序的一个组织化的视角来体验强度。但是艺术的权力产生干扰性的感受,让我们去思考强度,去思考我们那有序的、被建构起来的世界得以显现生成的力量。电影将感受或影像的力量从连贯一致的、只在程度上有差异的世界中解放出来,开启了从种类上就有差异的各种各样的运动线路。电影能让主宰着我们知觉的感知—运动机制发生短路。在大多数情况下,在日常的视野中,我们观看和行动,并且我们的观看是为了行动。这就是为何我们看到一个有外延对象的简化的世界,因为我们只看见我们关心的东西。在电影中,眼睛和统一的行动相分离,呈现给我们驱动性的感受影像而非认知反应。

对德勒兹来说,这是政治的一种支流,因为它有助于解释作为身体的我们是如何去回应和欲求各种形式(例如法西斯主义)的,即便这些是我们不感兴趣的形式。德勒兹认为,我们屈服于压迫性的政治制度不是因为我们犯了错误,而是由于我们欲求特定的感受。例如,设想一下有可感强度的各种政治集会:颂歌、演说和游行的节奏,以及颜色的运用。这些感受的力量不是用来欺骗我们的,在这里,不是我们被宣传所欺骗,而是我们的身体积极地回应这些前个人的"投注"(investment)。因此面对感受的生产性力量,让我们直面德勒兹所说的那种使我们成为我们的"微观知觉"(microperception)的东西,这不是观看和判断的眼睛的知觉,而是生命通过我们的身体而推动的非组织化的知觉。

运动—影像与时间

让我们回到运动—影像,它的能力将我们带向对时间的重新思考。我们总是将时间思考为运动的衔接,这样一来,时间就是将我行走中的每一步连接成一个可以被知觉的时间线或统一的运动。但我们能够推翻这种看法,宣称时间远不是某种可区分的经验的连接,而是一种具有爆发性的力量。时间是生命运动和变化的力量。时间产生运动,但从运动中衍生出时间却是错误的。我们通过感受的艺术恢复时间的干扰性的力量。我们不再将生命看作某种在时间之中的整体,我们看到各种各样的生成、运动或时间性,整体正是从中而得以形成的。与将我行走的每一步通过时间连接起来不同,我能够看到运动之流——我从一点到达另外一点的持续通过的过程,然后我才将其分割成不同的每一步。我不是将步行看成每一步的集合,而是看作一个变化的过程,因为任何人如果想要用一步和另一步接续的方式来教导或学习步行,必然会最终跌倒!

41   时间对于德勒兹哲学的伦理学以及哲学与文学的遭遇来说,是至关重要的。因为电影是使我们能够重新思考时间的媒介,所以电影是我们自身转变的核心所在。我们与时间的联系是伦理学的和政治性的,因为正是我们生活时间的方式(或我们的"绵延")解释了政治的问题:我们的欲望是如何屈从于它自身的压抑的?时间的性质对于德勒兹来说,就是解释生命对它自身作出反应的方式。时间创造了特定的"内在幻觉"。(我们不需要假定某些在生命之外的具有欺骗性的敌人——例如"父系社会"、恶魔或"资本家",来解释对我们的压迫。)从时间那复杂的流动之中,我们产生了有序的整体——例如人类自身的概念。因而我们想象这种人类自身是先于时间之流的或者是时间之流的基础,而不是时间的效应。克服这种幻觉的重要性被提到任何高度都不算过分。我们倾向于将时间思考为同一化的连接或在某种给定的整体内同一化单元的集合,我们认为在世界之中存在时间,或者先有世界然后它才存在于时间之中。我们将存在置于生成之前。我们将时间想象成一系列"现在"点。但是时间并不是由"现在"点或单元所组成,我们只是将"现在"作为某种存在或事物从时间之流的生成中抽离出来。时间不是外延性的,它不是可区分单元的连接。时间是强度的,它总是采取差异和多样化的"绵延"的形式。想象一下,例如植物、动物和人类观察者之间绵延的差异。植物不停地"感知"光线、热量和水,它直接地吸收光,等等。动物的知觉相比之下有着更大的延迟,它能够在哪一种植物能够被消化或者它是否能够完全吃完之间产生犹豫。所以动物的速度或"绵延"给予它一定程度的意识。人类因为他们拥有思考和记忆的能力,所以拥有一种不但更为复杂,而且在变化种类上也不一样的绵延或速度。概念和感受能够与生命和直接运动相分离,产生一种能够承受与时间的联系、能够思考时间的思想主宰。

人类的绵延不是知觉的一种机械的或因果关系的序列。在概念、艺术和哲学中,我们通过记忆就能够在时间之流中往前和往后追溯,我们能够思考其他的绵延,我们能够从知觉—运动的动作推动装置中将自己的知觉分离出来。动物感到饥饿就要进食,但一个短篇小说作家感到饥饿时,他会呈现出一个想象的饥饿者的形象而不是进食。在弗朗茨·卡夫卡(Franz Kafka, 1961)的《饥饿艺术家》(*The Hunger Artist*)中,描写了一个身体决定延迟对饥饿的要求的满足,艺术家通过饥饿的积累最终饿死。正是通过延迟身体的反应,艺术家才发展出一种关于他自己身体的意义和形象。不同的存在或某物之所是,由不同的速度所决定。人类为了不想即时地做出反应,或为了选择、决定和犹豫,都能够降低经验的速度。这种经过"选择"的运动的世界比微生物的即时反应还要"慢"。哲学的世界或许能被描述为一种在想象的无限速度中运动的世界:它试图去一劳永逸地囊括整体的生命。只有当时间不是建立在共同基础之上的一物接着另一物的序列的时候,这些差异的绵延才是可能的。不存在一个包含着时间的世界,只存在时间之流,"世界"和各种绵延正源于此。时间是一个有着多样化绵延的潜在整体:我们通过这种不同的节奏或生命的冲动才能思考或直观。日常的幻觉就是:生命从一个时刻流动到另一个时刻,我们"存在于"某种一般的时间之线当中。只有将时间思考为一种强度之流,我们才能够从这种同质的、线性的和无差异的时间的幻觉中解放出来。这是电影的力量与其他事物不同之处,它能开启生命。

42

运动—影像给予我们一种关于时间的差异之流的间接意义。首先,我们需要将时间与运动之间的关系看作与常识和日常知觉的认知截然相反。我们倾向于将时间空间化。我们通过太阳从天空经过的运动、钟表表面上环绕运动的指针或某种活动的身体来标识或再现时间。通过这样,我们将时间置于我们知觉的世界之中,置于一个影像的现实化世界之中。但是我们可能会问,我们是如何拥有这种现实化的世界的呢?世界不是某种时间在其中发生的东西,而是世界在时间之流当中被感知。不同生成的绵延产生了不同的世界,包括植物和动物的非人的世界。我们看到一个对象的世界并且倾向于将时间想象成对象从一点运动到另一点的运动(比如钟表的指针从一点运动到十二点)。但这个运动物体的世界只有在我们将复杂的、总是以不同方式自身差异化的时间之流(例如光、声音、运动或结构的特异性的差异)缩减至一个存在者(beings)的世界时才是可能的。日常形式的知觉倾向于将它自身固定为一个点,时间和生成在这里能够被观察,所以存在着一个时间因此而变得相对化的点。我们将每一种知觉想象成一种在时间中进行的、共享的、静止的和持续的世界的知觉。我们忘记了这里有一个我们从中抽离出自己知觉的时间性的流动。只有当我们拥有单独的视角———一种判断和行动的视角,而不是一种将注意到的观察者的运动或绵延包括在内的视角之时,这才是可能的。

电影的运动—影像将我们从这种差异化绵延的单一视角中的同质化和有序的世界之中带了回来。通过对镜头的运用,我们不再把时间看作运动在其中发生的线条,而是看作一种多样化的冲动或不可量化的差异的绵延。其中一种主要的技术就是蒙太奇:这不是将不同的片段连接在一起,而是将运动的冲突性场景连接在一起。在日常知觉中我们为了将世界按照我们的绵延方式予以秩序化而将时间同一化,因为我们想象存在着一种属于我们自己的时间之流。然而,电影给予我们一种"非人的、统一的、抽象的或不可觉察的时间,这就是在机器装置之中"的时间(Deleuze 1986:1)。在这里,统一意味着没有一个时间点优越于其他的时间点,没有一个观察者能够主宰和作为其他观察者的基础。但这种统一和抽象并不意味着时间是非差异的,因为时间就是差异的产物。通过明显地将一个视角或流动的时间和另一个电影化的蒙太奇放在一起,就能向我们展示时间的多样化或组成整体时间的不同节奏。

运动的截面

电影"教导我们"不存在运动的物体在时间之中发生运动。存在着作为运动和变化的时间之流,我们才从中得以抽象地区分存在者和物体。物体只是它自身运动的效应或结果,它并不先于它在其中得以变化的时间之流。时间总是自身差异的。不存在两个一样的"现在"和任何两个均等的运动或动作点。实际上,时间不是一系列现在或点。我们为了感知时间而将它空间化,将它区分成大量运动的点或时刻。但是真正的生成时间是"不可感知的"。当我们感知的时候我们就将时间的复杂和差异(这是一种超出它自身的知觉影像的潜在的生成)缩减为一个外在的实存的世界。正如我们所见,电影艺术在于将"特异性的"影像或生成从一个建构起来的整体中解放出来,将知觉从一个有序的视角中解放出来。运动—影像呈现"活动的截面"或自身的运动。蒙太奇将一个运动之流与另一个进行剪辑和连接,但并不从某种秩序化的观察者的单独视角出发将这两

44

种运动呈现。我们需要在德勒兹对蒙太奇的看法和日常叙事电
影的风格之间作一个区分。对于大多数电影来说,它的流行形
式拥有一个统一的剧情,有中心角色和一个独立的运动方案。
德勒兹所提到的电影正如谢尔盖·爱森斯坦(Sergei Eisenstein,
1898—1948)的蒙太奇产物,它将视野扩展到人类戏剧的角色之
外。因此电影产生了不能被缩减至人类动作或一个主观视角的
运动—影像。蒙太奇将作为变化或改变的运动点聚集起来,呈
现某个正在衰败的身体、某个正在成长的身体和某种正在转变
的身体。这里没有单独的线性时间或者时间之中的运动。时间
被直接影像化为一个产生所有这些差异的和不可量化的运动的
整体。运动不是在时间之中发生,因为时间不再是某个已然给
定的整体。时间作为运动的力量,它总是开放的,它以不同的方
式生成。运动不是从一个身体到另一个身体的转化(转变),或
在每一个运动体的区域内转变和变化(多样化)。所以每一个
运动通过产生新的生成物而转变了整体的时间:

　　　　运动总是与变化、周期性变化的迁移有关。这对物体
　　来说也同样如此:物体的跌落预先假定了有另一个物体在
　　吸引它,并且表现了同时主宰着它们两者的整体的变化。
　　如果我们思考单纯的原子,它们的运动证明了物质在各个
　　方面的相互运动,它必然地表现了整体的变化、骚动和能量
　　的转变……在转变之外的是震动、辐射。我们的错误在于
　　相信是任意的部分和外在于性质的东西在运动。但是性质
　　自身是纯粹的振动,组成成分变化的时候它也同时改变。

　　　　　　　　　　　　　　　　　　　　(Deleuze 1986:8-9)

电影将我们从强加于时间之上的静止的截面中抽离出来,让我们面对活动的截面。它呈现运动的运动,而不是由某种静止的视角组织化和固定化的运动。时间因此间接地呈现。我们感觉到时间作为一种差异的力量,它推动作为变化而非空间转变的运动。我们倾向于将关系强加给运动,将它看作是某物从一点到另一点的运动,但在这种联系的或有序的整体之前,早已存在一个特异性的运动或变化。一片树叶陨落、凋零和褪色,这是植物生命和绵延的一部分,它有着自身特定的节奏。在别处,鸟儿飞过天空,它们为了繁殖而迁徙,运动着的鸟儿穿过运动着的云朵。每一个运动不是整体内空间的转变,而是活的身体运动作为转变本身就是一种生成,而身体之所以存在仅仅在于它在运动。人类观察者从他自身的绵延出发,只能感知这三种生成,但是摄影机能够表现运动中的运动,能够将运动并置在一起,这就是活动的截面。这样我们就能意识到时间是一个在我们组织化视角之外的、系列地生成的差异化的整体。蒙太奇艺术呈现这种活动的截面。每一种运动有着它自身的节奏和冲动。任何将所有这些差异的绵延归因于一个单独的或占优势地位的整体,都是外在强加的,因为真正的时间整体不是一个运动于其中发生的业已给定的平面。它是一个将每一个特异性的运动转变的“开放的整体”(Open whole):“假如整体不是被给定的,那是因为它是开放的,因它的性质就是永恒地变化或产生新的东西,简而言之,持续。”(Deleuze 1986:9)持续或绵延不是一系列相同点的联系,它是差异化的差异之流。通过事物的改变运动,因而产生运动和生成的新的可能性。在运动—影像的电影中,我们的景框由整套的影像组成。作为这种集合性的景框的补充,这里还有画外空间。在一方面来说,这个我们看不见的整体只是许多景框的实际集合;从另一方面来说,那些我们看不见的或蒙太奇没有给出的东西,就是潜在的整体:它是电影得以"剪接"各种系列运动的所有运动或生成的倾向:

> 总是存在画外空间,即使是在最小的景别的影像之中也不例外。在画外空间中总是有两个同时存在的方面:与其他组合的可现实化的联系和与整体的潜在联系。

（Deleuze 1986:18）

> 46　　　运动自身是分解的和重组的。它是根据它的成分在组合中所起的作用来进行分解的:那些保持固定的成分,那些运动归因于它的成分,根据其表达的改变着的整体而产生或经受的、那些简单的或可区分的运动的成分。

（Deleuze 1986:20-1）

摄影机从一个方向横摇越过一个运动体而运动,比如从左到右。然后它停下来再下摇越过另一个运动体,从高到低。时间不再从一个观察事件消逝的静止的视角被感知。电影的剪辑将活动的截面并置在一起,它给出了一个时间的间接影像,这影像是一个不断地差异化的整体,它朝向变异和多样的绵延而敞开。

电影、可能性与政治

德勒兹认为现代电影或战后电影真正实现了电影中的时间—影像。在详细考察这个问题之前,或许我们应该先看看德勒兹在电影方面做了什么和他对待电影的方法大抵开启了什么可能性。之所以要讨论这个关于德勒兹"方法"上的问题，只是因为他对待生命和思考的整体方法本身就反对任何认为我们应该以现成图式、问题或系统的方式来处理问题的观点。我们需要让思考将它自身的可能性拓展到思考的外部。尤其是哲学，它应该是创造性的和回应性的，它通过它所遭遇的对象来形成它的问题。艺术则应该有恰好相反的方式，艺术不是一种我们强加于经验的形式。艺术允许经验的混沌状态将它自身从形式和方法上释放出来。如果德勒兹有一个方法，那就是我们不应该有任何方法，而是应该让我们自己随着我们所寻求理解的对象而变化。在某些特殊的场合德勒兹提到方法时，他采用"直觉"（intuition，又译为直观）这个词语。这意味着要超出对某物的实存形式的知觉之外，抵达使某物得以形成的潜在的部分。通过直觉我们看到了空间化影像之外的时间之流，或者我们看到了超出固定意义之外的思考运动。我们看到了所有生命的遗传学成分——不同的存在者被现实化的差异之过程。（因此，狭义上的"遗传学"——即理解我们每一个身体上现实化的潜在事件，是为更为广阔的时间起源的一部分。毕竟，如果没有时间之流我们就不会有差异的类型，因为它产生了所有形式的差异。）因此，德勒兹的方法就是寻找他所谓的"理想的遗传学因素"，这不是某种实际给出的事物，而是产生差异化事物的差异的过程或力量。

当德勒兹考察电影时，他的方法与文化研究或文学理论的方法全然相反。首先，他的方法不是解释性的。他认为，我们不应该在电影化的影像中寻求被揭示的意义或信息；第二，我们不应该将电影化的影像看作是再现。我们常常听到，抱怨电影没有再现真实的女人的形象，所以电影的补救办法就是需要更加的现实主义。但是电影对德勒兹来说，不是要再现一个我们已经拥有的现实世界，它创造新的世界。我们不应该以电影建构"陈词滥调"的标准来进行批评，这只会加强日常的观念或让我们被一个现实的虚假意义所欺骗。电影虽然也做这种事情。但是对于德勒兹的哲学来说，直觉不是看到生命的有限形式，而是要确认所有生命转变和生成的潜能。所以我们应该以电影能做什么或它可以做什么，而不是它是什么来看待电影。因此在德勒兹的著作中强调一种"高级的文化"。哲学或艺术是什么就是它能够做什么，但如果它从不实现它的潜能，即便在这种"文化"中它是占据主流的事实，那也称不上是名副其实。时间—影像表现了电影的潜能力量，但它可能是很少出现的以至于只能思考它的纯粹形式，它永远不会完全地被现实化。时间—影像给予我们时间自身的影像，而不再是空间化的或从运动衍生出来的影像。

如果我们思考电影的起源的可能性，或电影是如何变化的，我们就会思考我们自身之外的绵延。对于德勒兹来说，这是时间—影像的力量或理念。由于我们感知世界的时候，是通过我们借以将所有其他绵延固定于我们的绵延之中的我们自身的兴趣点来进行的。我们将时间感知为一种由均质的时刻所组成的线性的过程。我们将植物感知为一种外在的客体，而不是一个"感知"热量、光线和湿度的其他冲动的过程。我们感知不到他者的不同的"世界"和它们自身的绵延。德勒兹坚持认为，存在着多样化的人类绵延和非人的绵延。只有我们的思考超出我们的空间化和秩序化的视角时，我们才能思考这些其他的绵延。运动—影像的早期电影没有表现绵延自身。然而，通过破坏将时间综合成一个静止的整体的固定观察者的视角位置，我们就得到了由差异的绵延所组成的整体的间接意义。与先有空间中的事物然后才有运动、时间只是运动于其中发生的整体所不同的是,这里有多种多样的运动。通过活动的截面,知觉因而得以固定或抽象那些实存的对象。电影同绘画以及直觉的方式一样,都有能力从运动的事物自身的角度而不是从一个分离的外在观察者的角度去感知运动(Deleuze 1986:23)。通过呈现多种多样的运动,时间得到有力的表达,或者被看作为差异。这种时间是一种效果性的(effective)时间,是一种产生差异的时间。这就是德勒兹解释蒙太奇的方法:

> 相当于蒙太奇自身或它的某种东西的,正是时间和绵延的间接影像。它不是一种同质的时间或一种空间化的绵延……,而是一种效果性的绵延和从运动—影像的表达中体现出来的时间流动。

> (Deleuze 1986:29)

对于德勒兹来说,蒙太奇的这种运用拥有一种与政治"信息"或意义毫无关系的政治功能。这对于德勒兹对"前个人"的政治的整个强调来说至关重要。在人类对问题和利益进行论争之前,时间必须被建构为可区分的存在者或同一性。哲学与艺术都消解或直觉这些微观知觉,向我们展示"我们的"世界是如何从影像之流中被综合而成的。政治正是从这种形式或经验的综合之中显现的。我们只能通过消解经验远离"含义"(或有序的整体),以便转向它的有效成分(那些产生含义的特异性),从而使政治激进化。比如,蒙太奇让物质的非人的绵延可以被感知。这给予我们一种历史——不再是作为人类剧情的历史,而是在思考或日常知觉之外的物质的过程史。如果我们不再从单独和全知全能的人类的视角观看，我们就会得到时间的间接意义或作为一种构成力量的历史。我们能够被与我们的材料和历史信息相反的角度所培养。摄影机的非人之眼将我们从一个固定的和人类的道德概念中解放出来，让我们评价构成我们的那些更大的物质的力量：

> 这个眼睛不是停滞不动的人类之眼，它是镜头的眼睛，是物质之中的眼睛，是一种物质之中的知觉，……在非人的物质和超人的眼睛之间进行连接的正是辩证法自身，因为它既是物质群体的同一性也是人类的共产主义。蒙太奇自身持续不断地采用从物质的宇宙到镜头眼睛中运动的间隙之间的运动转变，即节奏。
>
> （Deleuze 1986：40）

在《电影1》中德勒兹描述了一种通过蒙太奇实现的现代辩证电影的模式：存在着差异的和多种多样的历史运动的联系，所以不存在统一的时间之流只存在不同的绵延，这些绵延中的每一个都有其自身的力量。时间呈现为所有这些差异的绵延的限度，我们因此获得了历史的特定时刻，并断言历史只是所有这些冲突的整体。

德勒兹的"辩证的"政治一方面是摄影机给予我们一种间接的历史意义，历史不是某种永恒的人类本质的不可避免的展开，而是历史就是唯物主义的历史，是物质的运动。（但是，德勒兹会坚持超越辩证法或超越人类与物质之间的联系。这会在时间—影像中得以实现，在这里人与非人的区分源自一个更为

辩证法

辩证法有一个很长的哲学历史,它能被追溯至古希腊人,他们使不同的意见彼此遭遇以便让真理通过一个论争(dialectic)或冲突而得以显现。辩证法通过否定而运作:它通过评估各种被认为是片面的观点,最终观点会抵达真理。在现代哲学里,辩证法与黑格尔相联系,他认为生命的冲突双方需要通过一个感知到它们潜在的同一性的辩证方式而得以直面对方。当我们的概念看起来片面或相互矛盾时,我们就要迫使自己去重估我们与真实世界的联系。那些看起来矛盾的或者并非思想的东西需要诉诸理性和纳入思想之中来理解。黑格尔之后的**历史**辩证法,力图去展示社会冲突和人类的苦难只能在意识到那些看起来是不可理解的或否定的力量(例如历史)之后才有可能被理解。德勒兹反对那种为了揭示某种最终真理而将冲突放在一起的辩证法,但他坚持一种允许差异和冲突保持其强度的"高级辩证法":它不是揭示一种潜在的真理或同一性。它开放差异和生成。

开放的绵延的整体。)在这种电影的辩证法运用中,正是我们的投入、反应和与自然节奏的相互作用使得我们变成现在的我们。对于德勒兹来说,辩证的政治在某种意义上将人类从关于人性是什么的固定的或"道德的"形象中解放出来,并且将思想面向未来开放。德勒兹同样也批判辩证法,借以使事物(例如人类的生命)变成它所不是者。问题在于这种辩证的差异来自一种人类生命与形成其自身的物质力量之间的对立。从与"他者"的绵延相联系的人类视角出发,我们总是在事件之后才在时间的效果之中观察到时间。

时间的直接影像

假如我们真正地直面时间或绵延,我们就会看见一个单一的差异或生成之流:它既不是运动体的生成,也不是与其他运动相联系的人类生命的生成。时间是一种没有背景、没有基础的生成。时间—影像将我们从辩证法的否定中带出来。辩证法是否定的,因为它只能将差异或生成仅仅看作(或转变成)某种固定的存在者。在运动—影像的电影中,时间之流被感知为位于任何多样化的运动之上或之外的东西。在时间—影像之中我们直接地感知到绵延,而不是从运动中衍生出来。与辩证法不同的是,它的差异是积极的:因为我们直面生成自身,而不是将它作为一个由所有活动的截面组成的间接整体。这种非辩证法的或积极的生成同样也有一个不同的政治指向。它不仅将我们从指向我们出现的历史之流的固定形象之中解放出来,它还将时间的创造之流展示为生成或对未来的开启。

51　　　正是时间—影像如何能够做到这一点这个疑问将我们带回到德勒兹哲学的核心。不是先有事物或存在者然后才有运动和变化。生命就是运动和生成,可以区分的事物从中得以现实化。世界是影像之流或各种知觉,这些东西仍然不是某种潜在的存在者的影像。只有区分性的知觉将这种影像之流固化为一个由"事物"所组成的世界:

　　　　让我们将这些显现的东西叫做影像。我们甚至不能说一个影像作用在另一个影像之上或与另一个影像互动。活动体[活动]与其实施的运动是不可区分的。运动的物体与接收到的运动也同样不可区分。每一个事物，也就是说每一个影像，就它的作用和反作用而言是不可区分的，这就是普遍的变化。

（Deleuze 1986:58）

　　例如我感知到这个东西是红色的，这依赖于我将光线那复杂的和差异的光波缩减至一个同质的被感知到的颜色和一个有外延的对象。不同的眼睛能够感知到更为复杂的差异，或者更简单的差异。每一个知觉点自身同样是一种生成。任何观看的眼睛已经是一种生命之流，它们总是由过去所推动并且预期未来。我们看见一个运动体的世界，但这只有在我们从一个运动的整体中抽离出来才成为可能。我们忽视我们自身生成的运动，我们忽视那些与我们无关的运动。在任何知觉者所感知到的联系之上和之外，存在着一种一般的、非人的和匿名的生成的平面。这里只有一种联系——一个点对另一个点的回应，因为一个效果性的时间产生生成的力量。与辩证法的方法所不同的是，当我们看到每一个事物的绵延与其他的绵延相联系的局限性时，德勒兹要求我们去思考独立于它的外部联系的实存形式的绵延、差异或生成自身。例如，辩证法能够通过展示超出人类意图的衰败和成长的更宏大的形象，来表示位于人类秩序之外的时间，通过这样，它让我们思考那超越我们的时间。但是电影能够做到比向我们展示我们自身历史时间的局限性更多的事情，它还能够展示非人的绵延。人类之眼不能够实际地感知到植物的生长和生成，但是我们可能都熟悉这样一种纪录技术：即将观察固定在植物或昆虫之上一段时间，然后加速这个过程，这样我们就实际感知到了那些我们通常无法感知的东西。现在让

52 我们更加激进地想象,我们拥有一个摄影机,它能够用不同的速度和次序来把握那些不可感知的事物,但是又并不将它们加速以便重建我们的叙述秩序。我们时间之中那些有秩序的影像之流就会变成时间之流自身,因为这是没有被确认为我们世界中的某种客体的过程的知觉过程。

　　某些人可能会反对说这简直是不可能的。我们如何能够想象一种没有某种生成之物的纯粹的生成呢?德勒兹的哲学或方法就在于这个问题(一个问题如果它没有一个确定的答案,或者它有某种不可能的组成成分,那么它就是一个生成性的问题)。德勒兹对这种纯粹生成的问题提供了好几种回应方式。第一就是将电影和时间—影像联系起来。时间—影像作为生成自身的直接呈现,可以作为电影运作的目标,作为它的理念(Idea)。德勒兹采用了18世纪哲学家伊曼纽尔·康德(Immanuel Kant,1724—1804)的"理念"这个概念,他写了一本关于康德的研究著作,该书1963年出版于法国(Deleuze 1984)。理念是在任何可能的经验之外起推动作用的概念。比如说我们有因果联系这个概念,因此我们将我们的世界经验为有原因的和有结果的。假如我们将这个概念扩展至经验之外,我们就能思考到某种终极的原因或第一因,一种不是作为某种先天原因之结果的原因。这可能给予我们神的理念。但是这只能是一个理念,因为经验某物只能被置于时间秩序之中来进行。我们不能经验时间的开端但是我们能够思考它。我们不能经验第一因,因为经验某物就是在因果联系之中给予它一个位置。虽然我们不能实际地知道或经验第一因,但我们能够思考它。理念能够拓展概念,从而使我们将世界思考为一个超越世界的潜在点。德勒兹在他的著作中到处使用理念的这种概念。理念将一种现成的可能性拓展至其第 N 种权力或无限的权力。我们看到这种或那种实际差异的东西，但是我们能够思考差异本身，它正是生命的生成。对于德勒兹来说，差异的理念不是某种我们能够思考的东西，它就是生命自身。因为理念的关键在于它不是被给予的，不是完全地在场的或可给予的，它是任何系列将它自身扩展至实存之外的权力。

电影将时间—影像作为它的理念。它最有力量的电影呈现的不是这种或那种运动，而是我们从中能够辨认出运动的差异的权力。电影不是再现，它是一个超越现成给予的影像理念的直觉事件。电影所看到的，不是一个事物的世界，甚至不是一个可区分的世界，而是使任何可以感知的世界成为可能的影像化的运动。但它只有通过时间—影像来完成这一点。

时间—影像通过"非理性剪辑"来运作。日常经验将影像综合或剪接为一个有序的整体。电影则以相反的方向工作，它打破这种经验，成为非理性的（或者不统一或非概念化的）特异性。我们不是像在运动—影像中那样给予不同的活动截面以冲突性的视角，而是将我们从视角中解放出来。例如，这能够通过在不连续的视觉画面上使用不一致的声音去除参照物的感觉而达到。在时间—影像中，影像不再被感知为这个或那个的影像。它是它自身特异性的影像，所以我们看到还没有被纳入视角的、还没有被线性时间所秩序化的影像化自身。非理性剪辑不让影像连接在一起以形成活动的事物，因此向我们呈现的是影像自身，这种对影像自身的呈现既通过它对运动的生产，也通过它对联系的生产进行：

> 它让现代电影重读整个已经由不规则运动和虚假延续

的镜头所组成的整体电影。直接的时间—影像是一直困扰
着电影的幽灵，但它通过现代电影给予这个幽灵一个身体。
这种影像是潜在的，它与运动—影像的实存性相反。

（Deleuze 1989:41）

这不是一种现成的电影（如其所是的世界），而是一种潜在
的电影。它呈现使任何世界得以被感知的影像化和关联的过
程："通过电影，世界变成它自身的影像，而不是影像变成世
界。"（Deleuze 1986:57）

电影的哲学

对于德勒兹来说，这种生成—影像是使电影哲学化和使哲
学电影化的东西。电影就像艺术或文学那样是哲学的，这不是
因为它揭示了理念或信息或给予我们关于世界的某种理论。电
影为人类的眼睛和知觉产生新的可能性，它创造新的感受。我
们能够经验在时间之中的影像和关系之流，它不是被感知为从
一个固定的视角出发并被综合以形成整体的。电影自身不是概
念的，但它对我们的概念提出挑战：德勒兹形成时间—影像的哲
学概念来回应电影。通过这样，电影让哲学和思考能够变化。
因而，我们可以说哲学与任何艺术的关系不是提供一种艺术或
美学的理论，而是哲学要回应艺术所产生的新的感知力量或感
受。哲学在这种回应中创造新的概念，为思考开启一个未来。
在德勒兹的案例中，可能是电影推动了差异自身的问题，推动了
超越任何实存影像的差异的潜在力量的问题：

如果电影超越知觉，在这种意义上它触及了所有可能

的知觉的遗传学因素。那就是变化点,它使知觉变化,它是差异化的知觉自身。

（Deleuze 1989:83）

镜头—意识将自身提高到决定性的位置,它不再是形式的或材料的,而是遗传学的和差异化的。

（Deleuze 1989:85）

小　结

　　生命是时间或生成之流,是一个互动或"知觉"的整体。每一个知觉的事件开启它自身的世界。在所有这些现实化的世界之上和之外,存在着一个由各种各样绵延组成的潜在的整体。在电影中,我们将对世界的知觉从固定的和秩序化的视角中解放出来。这通过两个方向来完成。早期电影达到了运动—影像。与看到运动体从一点到达另一点所不同的是,我们看到的是运动自身或活动的截面。现代电影则通过时间—影像走得更远。影像不再连接起来形成有逻辑性的序列,通过使用非理性剪辑,电影给予我们时间自身的影像。这种时间不是简单的从一点到另一点的线性进程,而是多种多样的和差异化的生成。因此,电影有能力去思考超越它自身和世界的固定影像的东西,我们能够思考那种不再是某种存在者的影像的影像。

机器、不合时宜和解域

在德勒兹的著作之中有一个将他的时间哲学和伦理学联系起来的关键概念，那就是机器。在这一章里面我们将会考察：为了思考那没有根基和基础的生成和时间，德勒兹是如何脱离人类主义模式和有机模式的。这和他对电影的洞察是紧密相连的，因为电影已经是一种"机器的"生成——一系列脱离人类眼睛和固定的观察者的影像。德勒兹用机器这个概念重新思考伦理学。我们的思考倾向于以某种预设的整体为起点：比如说人类、自然或者那种具有某种终极目的的相互作用的有机宇宙的意象。但这将会使我们的伦理学变成一种反动的(reactive)伦理学：我们以某种预设的整体为基础建立我们的伦理学。与此相反，机器则让我们建立一种能动的(active)伦理学，因为我们不再预设一种意向性、同一性或终极目的。德勒兹用机器这个词语来描述一种内在性的生产：不是某人对某物的生产，而是为了生产自身而生产的生产，它是一种没有基础的时间和生产。在这一章里我们会考察时间这种激进的和开放的性质是如何被

"机器地"思考，以及它是如何让德勒兹形成一种新的伦理学和阅读的。在德勒兹和加塔利的著作中，解域（deterritorialisation）这个概念是直接地与机器的思想相联系的。因为机器没有主体性或组织化的中心，它只是它自身所产生的连接和生产，它是它自身所为。因此它没有家园，没有基础，它是一个持续地解域的过程，或者说是它自身的生成。

56

在《反俄狄浦斯》和《千高原》之中德勒兹和加塔利使用了一系列概念，例如机器、装配、连接和生产。在《反俄狄浦斯》之中，他们坚称机器不是一个隐喻，而是生命本身严格来说就是一个机器。这对德勒兹的伦理学而言是至关重要的。一个器官（organism）是一个有同一性和目的的有界限的整体。但是，一个机器除了它自身的连接之外什么也不是，它不是被任何东西所造就的，也不为任何东西而存在，它没有封闭的同一性。所以他们是在这种特定的和反传统的意义上使用"机器"这个概念。譬如自行车，它就是没有"目的"和意向的东西。它只有在它与另一个例如人体这样的"机器"相连接的时候才会运作，而且这两个机器的生产只有通过连接才能实现。当与自行车这个机器相连接的时候，人体变成了一个骑行者，而自行车则变成了一个交通工具。我们还可以想象不同的连接产生不同的机器。当自行车被摆放在一个艺廊里面就变成了一个艺术品；当人体与画笔相连接的时候，它就变成了一个"艺术家"。那些封闭的机器，比如自足的人体器官，或者有效地自动运作的钟表机械，都只是机器的后果或幻觉。生命无一不是机器，所有的生命都只有在与其他的机器相连接的时候才会运作，才会成为它自身所是的东西。

我们已经看到了德勒兹赋予摄影机的重要性，作为一个机器它是如此重要，那是因为它展示了人类思想和生命是如何变成或转变为非人的东西。通过坚称机器不是隐喻，德勒兹和加塔利脱离了语言的再现模式。假如机器这个概念只是一个隐喻,那么我们就会说我们拥有如此这般的生命,然后想象和再现机器的形象,把生命予以图像化。但是对于德勒兹和加塔利来说,在它自身的连接之外是无法呈现生命的。我们之所以只有再现、影像或思想,那是因为存在着"机器的"连接:眼睛与光的连接,大脑与概念的连接,嘴与语言的连接。生命不是一个再现某种惰性的外部世界的优先的视角,例如自足的"人类的"心灵。生命是机器连接的增殖,它的心灵或大脑(一个娴熟的机器)都只是身处其他机器之中的一个机器而已。

　　无论是哲学、艺术还是电影都不再现世界,它们是生命运动借以生成变化的事件。正是它们的能力使得哲学和艺术变得能动,使其"机器地"(machinically)变化,而非由外部事件所导致的"机械地"(mechanistically)变化。机械是一个仅仅在自身之上运作的自我封闭的运动,它并不转变或生产自身。而机器式的生成则与其所不是的东西相连接,从而转变自身,使自身的能力达至最大化。从上一章的电影和时间—影像的例子中,我们可以看到人类的眼睛与机器的眼睛相连接,从而产生了超越人类的感知或影像。在时间—影像之中,我们遭遇到生成自身,它对我们发起挑战(正如在艺术和哲学之中的挑战那样,虽然形式有所不同),它是那流经我们但又溢出我们之外的生成之流,是差异的权力(Deleuze 1990:149-50)。哲学和艺术提供这种不合时宜(untimely)的权力。生命不仅是从某种预设的可能性出发而产生的有序的接续过程。差异的每一个分支都创造了可能性的扩张,所以生命的"目的"不是既定的,在生命的前进道路上没有任何既定的目标。但是生命之中却有一种"内在的"或有效的奋斗:这是为了增强生命自身的力量,去实现它所能的极限。这种实现不是有某种预设目的的事件,而是在不断分歧的目的下进行的创造,是创造越来越多的系列或生成之"线"

（line）。在《千高原》之中,德勒兹和加塔利用"逃逸线"（lines of flight）来指称生命的生产,即变异和差异的产生不是历史的进程,而是历史的断裂、中断、新的开始以及"畸形的"诞生。这也是事件:不再是时间之中的某个时刻,而是某种让时间导向新的进路的东西。电影是一个事件,它让时间的影像不是一个活动影像的序列,而是让时间变成了产生生成之影像的力量。

正是这种机器的思想强调了时间的潜在性面向。在他的电影论著里面德勒兹展示了影像与接续的中断能够呈现一种从不属于我们的时间。与其说是从我自身的视角出发将时间看作连贯的影像序列,不如说它向我呈现了另一种接续,另一种时间和另一种生成之线。它开启了一种超越于我的知觉的时间意义,此时摄影机让我们思考一种非人的知觉,它呈现一种我们从未实际地感受过的和从未生活于其中的时间的影像。时间是一个潜在的整体,它不是既定的,或被任何单一的观察者所感知到的（现实化的）或回忆起的东西。我们需要机器地思考时间:它不是一个预设的组织化的宇宙的永恒整体,而是一个开放的整体,它可能通过非思维和无意向性的连接和增殖而发生。

一方面,德勒兹对时间的潜在力量的主张看上去似乎是反历史的哲学观点。如果按照他书写哲学史或资本主义历史（在《反俄狄浦斯》和《千高原》里面）时候的做法来看,他的确如此,因为他并不把历史看作是一个有意义的接续。因为历史既不能解释艺术事件的出现,也不能解释哲学事件的出现。但是德勒兹也书写一种"地质学的"和"谱系学"的历史。在谱系学的意义上,他追踪事件那不可能的诞生,例如追踪"人类"的政治理念,将其揭示为从暴君或统治者的专制影像向普世公民的资本主义影像减缩的结果。在地质学的意义上,他展示生命和时间是如何变成多样化的时间地层的:基因的、化学的、地质学的和文化的事件全都产生了不同的生命地层或"沉积层"。不存在一个所有生命都需要被秩序化的单一的历史。地质学的理念认为是某种分配、线的延伸、差异的平面、一定数量的平面或高原组成了生命，而且这些高原不能被定位于某种主体的完整性之中。

正如我们在时间—影像里面所看到的那样，电影只有在它不再呈现有序的时间叙述（例如史诗或戏剧的历史"语境"）的时候，才是最具电影性的。与其相反，电影只有在将我们从那种认为时间是相连的秩序或接续的观点中解脱出来的时候，才变成肯定性的东西。在时间—影像之中，我们不再将时间看作一个有逻辑的连接或进程，而是看作一个间歇、中断和差异；电影呈现事物的方式不再是通过影像的蒙太奇而进行，也不再需要观察者或主体对这些变化中的影像进行组织。德勒兹将此称之为影像的"解域"（deterritorialisation）。解域是将一个可能性或事件从它的现实起源处解放出来（Deleuze 1986:96）。解域产生"纯粹感受"（Deleuze 1986:96）的影像，它是一种不指向任何特定身体或空间的感觉。在电影之外，解域和感受对德勒兹来说都是很重要的，这些概念将我们带至他所说的"不合时宜"的核心处。对德勒兹来说，生命并不先是某种普遍的同质性的物质，然后才被分化或在时间之中变迁，生命本来就是一个特异性的整体。生命的每一个点都以它自身的节奏、以它自身的方式进行变化，产生它自身的"叠歌"（refrain）[1]。（准确地说，我们不能言说生命的固定"点"，因为在生命之中并不存在固定点或区

---

[1] refrain 是德勒兹理论的一个重要术语，有时候他用这个词语来描述电影或音乐里面的现象，用法跟音乐理论的叠歌相仿，但是更多的时候（此处）他用此词语来描述生成变化过程的一个环节，此时叠歌就是与混沌之中出现的运动相关的一种律动，它能够让我们在混沌之中找到某种相对的稳定性，从而得以辨明方向。所以叠歌的功能是在异质性的质料之中形成某种形构，它是一种暂时的建域，但是随着各种元素之间的关系在生成过程之中的变化，很快就会重新解域。——译者注

域,正如德勒兹和加塔利所说的那样,我们或许可以说那是以特定的方式变化的"生成的域"[block of becoming]或者倾向。)植物、动物、人类和原子都拥有不同的生成的权力。当一个生成的事件逃逸或者脱离它的原初领域的时候,解域就发生了。例如,人类就是通过语言来进行组织或建域(territorialise)的。语言在艺术之中可以变成非人的或解域的:不再具有意义、可控性或可辨识性。或者,拿时间—影像作为例子。人类对电影运动的接续的生产能够给予我们线性的时间,但是影像可以通过非逻辑性的接续变成解域的,从而让我们超越人类的时间性。

"纯粹感受"同样也是一种解域。假如我感知到红色,我通常会从某种感兴趣的和组织化的视角出发将它联系到某物的红色。但是电影却可以以一种非组织化的或非接续的方式将颜色呈现为不再指向特定物体或空间对象的颜色,因此我们可以得到一种颜色自身的意义,它不再是被(现实地)感知到的颜色,而是被光线的潜在之流产生的或给予的颜色。这就是生成、纯粹感受或颜色的解域,是颜色的生成—颜色。我看到红色的特异性,这红色不是此时此刻的红色,而是在任何对象之中的红色:

> 与简单的有色影像相反,颜色—影像并不指向某个特定的对象,而是尽它所能地吸收所有的有色物:它是一种把握所有在它的范围内发生的色彩的力量,或者说是完全不同的有色物的共同性质。颜色的象征主义是存在的,但是它并非在色彩与感受之间(绿色指代希望)建立关联,恰好相反,颜色就是感受本身,是感受所接触到的所有对象之间的潜在关联。

(Deleuze 1986:118)

也有可能存在非感性的感受：镜头聚焦在一把刀上，我们可以"看到"它的切割之力，但却不是从一个受到威胁的观察者的视角看到的（所以，这并不像例如希区柯克的《精神病人》这样的悬疑惊悚片所表达的那样）。非感性的感受是一种表达的力量，我们看到的不是某物之所是而是某物之可能，是刀的"切割"的可能性。这种生成将会是一个事件：两个躯体（body）在特定时刻遭遇，譬如刀和肉体（flesh），从而产生了一个作用于这两个躯体的事件：伤口或伤害。对德勒兹来说，这些表达的力量或生成的力量的世界就是意义（sense）的无形的世界。意义表 **60** 达的不是某物的现成存在，而是它的变化的力量。这是为何语言是生命产生意义的一种途径，因为词语让我们可以抽象事物，将其置于与其他事物的潜在关系之中。意义是一种非形体的转变力量（incorporeal transformation），无论我将受到切割的身体指认为"受伤的"、"结疤的"或"受罚的"，都会提醒我们它那无形的或潜在的存在。意义是一个事件，它产生新的生成之线。意义同时又是不合时宜的力量。身体并不纳入到那种可以预先设想的因果序列，因为意义的生成总是产生全新的生成之线。当一个法庭将一个身体指控为"犯罪的"身体或当一个社会科学家"发现"一个新的阶层或人性的"症候"的时候，新的历史就变成可能了。意义让特定的生成之力产生约定俗成的存在者（being），正是意义产生了国家的、民族的和性欲的认同。

　能动的哲学肯定意义的这种生产，它是解域，是身体转变和变化的方式。与此相反，反动的哲学将意义、感受和生成归诸某种原初的存在者。譬如，我们想象存在某种"犯罪的心灵"或"女性"，只有为了变化才需要时间；我们将历史看作简单的叠合或某种先在的存在者的生成。但是如果我们追随德勒兹的步

伐,那么我们就会承认生命是感受的活跃的互动,是持续的生
成—他者,因而将历史看作一个有逻辑的流程或有意义的序列
是幼稚的,因为未来不是在现在被设定的。新的生成之力总是
在生产。的确,唯一能够回归或重复的东西只是差异的力量。
这是德勒兹对"永恒回归"(eternal return)的解释,这个概念来
自尼采。时间是永恒的,但只有在它的力量总是在既没有起源
也没有目的地周而复始地生产新事物的意义上才是。时间之中
唯一持续的东西,唯一"相同的"东西,就是这种不保持相同的
力量。感受之所以是对这种非人的生成的表达,正因为感受是
不建立在任何行动者(agent)或主体基础上的事件。它不是某
种存在者的生成,因为生成不外乎是它自身的显著差异和流动。
这种差异的模式,这种试图思考先于存在者和同一性的差异和
生成的努力,依赖于性质(quality)和数量(quantity)之间的新联
系。对德勒兹来说,数量上的差异不是相同的单元的简单增加。
数量上的真正增加改变某物之所是,所以我们要在时间之中来
考察数量,因为生成或多或少都是变化的事件。与空间的对象
所不同的是,后者或多或少都让事物不变(无论变大的还是变
小的红色物体都依然还是红色的物体),而感受的数量上的改
变会改变它的性质。光的改变或多或少会改变颜色的红度,而
感觉上的数量改变或多或少也会左右它是愉悦还是痛苦。德勒
兹因此说感受是"个体的",因为它没有同一性或依赖于它的特
定数量或分类的个体性:

> 感受是非人的,而且它不同于事物的每一种个别状态:
> 它是独特的(singular),并且能够与其他感受形成独特的联
> 合和连接(conjunction)关系。感受是不可分割的,它没有

部分,但是它与其他感受形成的独特联合反过来构成一种
不可分割的性质。这种性质只有在定量地改变性质的时候
才是可分的(个体)。感受独立于所有决定性的时空,但是
它也在历史中进行创造,将自己同时生产为被表述的空间
或时间(年代或环境)和对它们的表述(这就是为何感受是
"新事物",而且新的感受是源源不断地被创造的,尤其是
在艺术作品里面)。

(Deleuze 1986:98-9)

感受不是某个组织化的观察者对某物的感知,而是从超越
于我们自身的视角出发的那些将要被感知的(to-be-perceived)
某物的力量之呈现,因此感受将时间之线向断裂开启,给予我们
一种"不合时宜的"时间或"脱节的"时间。

不合时宜

一旦我们将生命从它的组织化的或功能主义的模式中(在
这些模式中每一种生成都建立在一个起源、结束和秩序的基础
上)解放出来,我们就开始重新思考时间。在这里,感受是至关
重要的,这是因为德勒兹将感受从存在者之中解放了出来。不
再是先有某个感觉或感知的人或生命,然后才有它们的性质。
生命是一个感受的、互动的、遭遇的或纯粹的机器连接和生产的
活跃的沼泽。正是通过感受,可识别的存在者才得以形成。身
体总是创造某种感受性的连接,它的口受到乳房的吸引,它的眼
注意到面孔,它的手受到工具的召唤。这些投注(investment)或
连接创造了人类。身体是通过时间,通过生成而产生的。因此,

存在着一种感受的历史和政治学。它是倾向于断裂（disrup-
tion）的历史。它同样也是德勒兹所谓艺术和哲学那不合时宜
的、怪物般的或暴力的力量。无论是艺术还是哲学，都不是对现
成的世界的再现，而是关乎创造连接或生成"欲望机器"。

　　对德勒兹来说，哲学或文学的历史不是将文本置于"语境"
之中。它不是考察莎士比亚如何反思或质疑伊丽莎白时代的世
界观。艺术与哲学是不合时宜的，因为它们有力量去创造新的
时间线或"逃逸线"。莎士比亚的艺术不在于他对他那个时代
的再现式的回应，而在于他别样地构思时间的能力。比如他的
历史观是将历史概念作为自然的和神圣的进程（真正的和命定
的国王们的命运），而且引进另一种历史概念，于其中人物们所
决定的行动都好像是神授的。代表命中注定、命运和时间的无
时间性（麦克白、理查二世和凯撒）的国王和统治者都被那些将
时间看作表演或生产的人所取代。历史变成了一种行动、生产
或创造，权力被诸如亨利四世那样将自己生产和创造为历史人
物的人物所摄取。莎士比亚的历史剧和悲剧不是在历史之中描
绘、再现或质疑，它们开启了新的历史体验。它们所表达的不是
发生于时间之中的东西，而是作为表演的时间、向未来开启的时
间：时间是戏剧，而非命运。

　　在今天，假如我们想要重复或者拍摄莎士比亚的艺术，那就
不是重新叙述人物或事件，而是要把握这种更新的感受或时间的
表达。例如，我们可能会在一个启示录式的或后核子时代的布景
下拍摄《理查二世》，将它的历史的意义诠释为人类对所有人类时
间的可能性的终结的表演。重复莎士比亚要求我们去重复所有
对语境的不忠，因为这种不忠开启了莎士比亚自身的时间。我们
不是重复莎士比亚著作的意义，而是重复它的不合时宜的力量：

它的这种力量干扰我们的现在和作为接续的时间感,因为它也曾以这种"同样的"方式打断过那种神圣命令的时间感:

> 去达到一种可以拯救或改变生命、让其超越善恶的重复,那就需要去中止强制的命令,去消除时间的循环,达到一种真正的"欲望"或源源不断地重新开始的选择。

> (Deleuze 1986:133)

对德勒兹来说,阅读一部作品就是肯定它的不合时宜的感受,它不是对语境的回应方式,而是将我们带离所有语境的能力。假如一部作品打断了"我们的"时间和历史概念,那么它就既置身于时代之中又表达了新的时间和新的时代。例如,电影的时间—影像就是德勒兹的一个不合时宜的概念。电影是最流行的和最广为流传的影像媒介,同时它又能转变整个影像的概念。正是通过电影我们经常可以得到这样的看法,即认为世界是简单地呈现于我们面前的从而要在现实主义电影里面被再现的,于其中我们可以确认自身和我们的世界;但是在电影之中我们也可以打断这种关于共享的现在的时间意识。正是时间—影像将我们从对观察者们彼此来说都是相同的那种相对的时间之流中解放出来,将时间展示为根据不同的速度和感知的节奏而不同的多样性绵延。时间向着永恒敞开:向着影像之流和让我们得以变化的感受敞开。

新与重复

因此时间—影像对我们的时间来说是新的。它打断了我们那统一的、线性的或空间化的时间感。但是对德勒兹来说,新

（newness）不是新事物的语境效果带来的震撼,然后它就此消失;新是永恒的新。艺术的新不在于它带来的震撼效果,因为我们一旦习惯了现代电影或现代主义,它们就不再有任何的价值了。将新作为时间之中的"短暂一刻"不过是将时间看作一个有中断有接续的连续体而已。新不是发生于时间之中,相反真正的时间是新本身,是对变化的永恒的生产。因此,在时间的任何时刻中看到新的生产总是可能的,德勒兹关于哲学家们的论著就是这样做的。是什么使大卫·休谟（David Hume）成为一个新的思想家?创造哲学意味着什么? 这些是德勒兹用来思考休谟的问题,后者是一个在传统历史看上去似乎最保守的哲学家（Deleuze 1991）。阅读文学文本同样不是将它置于它的语境之中,也不是考察它曾经如何是新事物。假如莎士比亚只是一个曾经在文艺复兴时代的英国具有想象力的或感受性的作家,我们为何还要阅读他呢?阅读莎士比亚不应该是对其理念的历史研究,这种阅读应该能够让我们重构形式、起源或理念的创造。哲学产生概念,让我们思考概念的起源;艺术产生感受,使我们思考感受的新。假如我们今天还要去重复莎士比亚,那么我们不会穿上伊丽莎白时期的服装,不会重建环球剧场（Globe）和（在任何意义上）重返那一成不变的过去。重复过去总是转变过去,因为过去跟现在一样都是处于生产中的。对过去的每一个表演或回忆都将开启不断更新的过去。在今天重复莎士比亚的《理查二世》意味着以它的时间的所有力量和新来进行生产。因此,考察历史不是考察在时间之中前赴后继的理念的系列,而是考察时间采取变故逆转的不同的方式。在极端的意义上,我们或许会以赛博戏剧（cyber-play）的方式来演绎《理查二世》,而不是以历史剧的形式进行,因为这是一个对时间和历史影像的生产:这是一个会使用电子游戏、MTV 或网站的理查二世。这就是以过去来挑战未来，是以新事物的每个事件来重新思考可能为新的事物，从而接下来的生产同样也会重新思考时间和历史。

当德勒兹将他的哲学描述为不合时宜的时候，他暗示我们应该考察过去，这不是为了发现过去之所是，而是让过去的力量去提问、质疑或引导现在转变为未来。"不合时宜"的哲学将哲学、科学和艺术的历史作为一个工具箱。我们不应该试图去揭示哲学或文本的意义。我们应该去考察哲学能够干什么，或者它是如何转变问题从而反过来转变我们的思考的。

德勒兹将他的哲学确认为不合时宜的哲学，这在某种程度上是因为他的哲学是对他称之为西方思想教条的破坏，这种思想教条在当代资本主义之中达到了顶峰。鉴于生命的流动，我们倾向于只感知我们所感兴趣的。我们从生成之中进行抽象，将世界看作固定的"辖域"（territories）。因而通过从我们已然固化的形象出发去想象其他存在者，我们在一定的程度上进行了解域，但是我们抗拒"绝对的解域"或形象完全自由的游戏。在资本主义之中，我们拥有固定的辖域（资本单元），将所有的可能的存在者或解域想象成通过资本来衡量的东西。我们将所有的生命看作同质性的物质，因此它们就可以交换。甚至每一个概念都变成了可以交易的"信息"。想象一下，我们可以通过名人、医疗业和广告宣传来"销售"幸福、精神或自我。对德勒兹来说，不合时宜不仅意味着反对资本主义。它更意味着打断那种使资本主义出现的力量：倾向于相同、统一量化、通过一种度量或"辖域"（资本）对所有生成进行固化。资本主义只有在我们将生命的复杂性和差异性削减为一个单一的交换系统的时候才成为可能。在资本主义之中，不再在乎是什么东西在循环——无论是货币、商品、信息甚或是感觉良好的女性主义、多

65

元文化主义和共同体的信息——只要它在不断地循环即可。对德勒兹来说,资本主义既有积极的一面,也有消极的一面。从积极的一面来说,它展示生命的解域力量:这是一种将任何现成之物转变为一个运动之流的能力。例如,我们能够将曾经奴役我们的形象(宗教的形象、法律的形象或权威的形象)看作是形象,这样我们就能揭示它们的起源和语境。我们就能徜徉在宗教艺术的长廊里去欣赏这种关于地狱和诅咒的绘画的强度,而不相信它们的力量或被它们所左右。这是资本主义在所有生命中的积极倾向,是一种将任何系统向交换和互动敞开的解域倾向。但是这种依赖于一种原初的建域的解域,必然也伴随着再建域(reterritorialisation)。资本通过以资本之流来量化所有的交换,遏制了它的生产与启流的倾向。在资本主义之中,所有东西都变得用货币或数量来衡量,即便是艺术品的商品性和概念的信息价值也是如此。

对德勒兹来说,不合时宜并不意味着回溯到资本主义之前的某个黄金时代。恰好相反,假如我们承认资本的解域力量和那超越现在的现在,那么只能在此时此刻去思考“脱节的时间”。这要求我们将生命看作是一条并非某种潜藏物质(例如资本)的流。德勒兹的“语境”是一种任何事物都已然置于语境之中的语境。资本主义将任何时代作为现在可以获得的商品:我们观看历史剧,穿“复古”装,购买艺术品和古迹纪念品,甚至将其他的文化作为我们自身文化“更落后的”或“更古老的”版本而纳入市场之中。正如在本书前面所提到的,德勒兹的哲学对手是现象学,对后者来说所有的存在和变化都看作是处于意识的生命之中。德勒兹在社会科学方面的主要对手是结构主义,对后者来说任何文本或文化都能被解读和理解为一种潜藏的和普遍的语法和系统的变量。德勒兹所说的语境是那种被理念的语境所主导和封闭的语境,即认为差异总是内在于某种共同领域的差异。因此,德勒兹的哲学是反语境的哲学。确认我们的文化、我们的话语或者我们"建构的现实"只不过是另一种让我们保持我们原有样子的方式,它会让我们被"思想的形象"所奴役。对德勒兹来说,遭遇那些超越我们认知的非人的、机器的或断裂的力量,就是一种能动的思考:这是一种不被形象所定义的思考,它创造自身,但是永恒地周而复始地重构自身。

这或许就是今天我们要阅读德勒兹的主要原因,这不是因为他与我们有截然不同的关联和共鸣,而是因为他对我们之所是的拒绝。在这个"多元文化主义"的时代,它肯定我们都是人类,都有同样的基础,但是德勒兹坚称人类只是一个强加在我们头上来囚禁我们的形象,它是所有形象之中最具种族主义色彩的形象。因为种族主义只接受已然用同一性驯化了的和复原了的差异。在这个我们接受任何时代都有其自身相对的"观看方式"或思考方式的时代,德勒兹坚持去思考那些观看和思考的力量,去超过或超越任何既定的文化或现实形式。在一个我们相信语言建构了我们的现实的时代,德勒兹主张"真实"既包含又超越于例如语言这样的事件;因为除了语言这种符号之外,还有存在于自然界和非人生命之中的符号。在一个我们相信艺术只是研究院或艺廊所定义为艺术的东西的时代,德勒兹坚称艺术的力量是感受,是永恒的新。在一个交流、信息和交换的时代,德勒兹坚称哲学是对概念的创造,因为概念既抵抗交换和确认,又使其复杂化。在一个资本主义的时代,所有的交换都是被量化的,是为了再次投资去产生进一步的交换,但是德勒兹坚持一种耗费(expenditure)和过剩:生产不是为了任何可预见的或可以计算的目的,生产仅仅是为了生产新的东西。

67

小 结

时间是一个差异化的生成的过程,它持续地产生新的事件。我们可以通过机器的概念来思考生命;生命就是一个没有基础、没有目的或单一意图的连接和增殖的过程。通过机器的增殖和连接,我们可以思考事件。事件并不发生在时间之中;事件是对新的时间线的创造。然而,我们倾向于通过观看某个事件(例如人类的生活)作为所有时间和事件的起源,从而将时间同质化,为其建立基础。假如我们让任何事件作为基础,那么我们就是将时间的能**动**权力从属于它的一个效应。这是一种反动的错误:它奴役了生命的权力,将生命与它自身的能力相分离,与它的未来相割裂。只有永恒回归的原则能够称得上生命的主动挑战。唯一的真正重复是对差异的重复,即永恒地重新肯定生命那具有创造性的差异。哲学和艺术是永恒的权力,因为它们通过每一个思考的新行动重新接受了差异的挑战。它们允诺绝对的解域:不是从这种或那种教条或形象之中解放出来,而且更是自由的流动和形象的无限创造。资本主义对于解域来说,是一个既最开放又最封闭的时代。资本主义看上去像是鼓励新的增殖,但它又总是建立在交换原则的基础之上。

4

先验的经验主义

在这一章中我们会考察德勒兹对其哲学的明确描述："先验的经验主义"（transcendental empiricism），这个术语他在早期著作(《差异与重复》[*Difference and Repetition*]，1968 年法语版)中便开始使用，一直到他的《什么是哲学?》(*What is Philosophy?*) 这部与加塔利合著的晚期著作仍然在用。重点是，德勒兹并不将先验的经验主义作为一种理论看待，而是将其视为一种挑战。大多数的先验哲学家都用某种先验的基础来解释经验，最常见的就是"主体"。但是德勒兹不断地在任何单一的基础或起源处寻求自由，这正是因为他试图去将生命思考为生成而不是存在者。先验的经验主义因此使用"经验主义"这个概念(经验的概念或给予)去思考那些于自身之外没有基础的经验、生命或生成。正如在前面几章我们所看到的那样，德勒兹试图去思考超越于固定的人类观察者视角的时间、机器和感受，因此在他关于先验的经验主义的作品之中他试图去创建一种非人的哲学。

艺术与哲学

　　哲学为我们的时代而创造概念,从而转变我们的时代。艺术将经验撕裂,是为了创造那未曾在线性时间内被综合的知觉和感受。德勒兹的时间—影像这个电影概念就是一个哲学行动,是为了回应一种特定的艺术事件。这个概念让我们去别样地考察电影;我们去电影院看电影的时候就不仅仅是追随叙事和认同于角色。我们能够让电影去作用于我们,改变我们。时间—影像将不协调的声音加诸不调和的视觉影像之上,从而将影像与影像、声音与声音相分离,消解了我们观看世界时候的单一时间视野。我们将时间看作一个多变的系列和流组成的整体。假如哲学让我们以这种方式观看电影(因此将电影带至其内在的圆满性),电影同样也会影响哲学。对德勒兹来说,哲学不是一种"理论"或对世界的解释。跟其他的思想一样,哲学是一种"异质发生"(heterogenesis)(Deleuze and Guattari 1994:199)。它不是生成(发生),而是一种生成—他者(异质性),它这样做是在回应他者(混沌)。无论艺术还是哲学都不是混沌的,但是假如它们不能让混沌的元素进入和转变思考的话,它们就只不过是定见而已。(Deleuze and Guattari 1994:204)。

　　要达成对定见的破坏,就要干扰预定的和谐或经验的统一性。我们需要艺术来直面感性的特异性,需要哲学来创造无根基的概念。时间—影像作为一个概念,就是以此为目标。一方面来说,它让我们去考察和创造电影的非理性剪辑和不依赖于固定观察者的"知觉"。所以电影能够变成感性物的新体验,将感知从视角和判断之中解放出来。从另一方面来说,时间—影像的概念指向差异那不可见的或潜在的力量,正是在这些力量之中任何单独的知觉才得以出现(例如,假如先有光波的差异性,才有纯粹的差异,那么就只能存在有色影像的特异性了。这只是一个思考的概念,但不是直接对潜在力量的经验)。概念不只是解释电影,它体验电影的感受,从而让我们去别样地思考,去思考新的方向,思考时间之流自身。艺术是感性的生成,它将我们从素材中解放出来,而哲学则是概念的生成,它重构我们自身,重构什么是思考:

> 艺术的目的是通过素材,从对客体的感知和感知主体的状态之中扭曲知觉,从作为一种状态过渡到另一种状态的感受之中去扭曲感受:去抽象感觉的聚块,形成感觉的纯粹存在。
>
> (Deleuze and Guattari 1994:167)

> 当哲学创造概念、实体的时候,它的任务总是去从事物和存在者之中抽取事件,总是给予它们以新的事件:作为事件的空间、时间、物质、思想和可能性。
>
> (Deleuze and Guattari 1994:33)

71

超验性

米歇尔·福柯(Michel Foucault 1926—1984)是德勒兹的同时代人,也是德勒兹哲学研究的一个对象。他将自己想要脱离的那个西方思想传统称之为"屈从于超验性"(subjection to transcendence)的传统(Foucault 1972:203)。超验性(不同于先验性）是指超越于（transcend）或置身于外部。对福柯来说，我们的思想和体制总是依赖于某种"外在"：某种我们觉得可以认知的、揭示的或解释的东西，某种给予我们基础的东西。福柯认为这导致了一种"知识的伦理学"，从中我们想象可以认知外部世界的事实，然后我们就知晓如何去行动。在他论述福柯的书中，在他早期的哲学论著中以及在他与精神分析学家加塔利的最后合著之中，德勒兹都展示了一条超越于超验性的道路。在作为一种"知识的伦理学"的超验性之中，我们寻求遵守某种终极的真理，与此相对，德勒兹将他的哲学描述为"爱命运"（*amor fati*）的伦理学：爱其所是（as love of what is）（不是寻求超越的、外在的或超验于所是的某种真理、辩护或基础）（Deleuze 1990：149）。这种肯定"所是"的过程某种程度上意味着哲学必须不仅仅是批判性的。暴露超验性的幻觉是远远不够的，展示所有我们所发明的基础（例如神、存在或真理）是被发明的而非被给予的是远远不够的。我们还需要看到这种发明的过程的积极一面。那种能够让自身被某种外部的形象所奴役的思想到底是什么？这难道不是告诉我们：有一种真正的、具有生产性、积极性和解放性的思想的权力。

　　超验性最显著和普遍的形式（正如福柯所描述那样）正是真理。这意味着，不是将我们的言行看作我们与我们的世界之间具有生产性的联系，而是想象有某种意义或真理等着我们去解释、揭示或开启（这是一种被德勒兹和加塔利［Deleuze and Guattari 1987］称之为"解释强迫症"［interpretosis］的疾病）。正是这种对真理的发明产生了"牧师"（那个引领我们至真理的人）和"禁欲主义者"（因为我们放弃了我们的欲望，使我们被某种假定的更高的理念所奴役）。更为重要的是，这一切导致了虚无主义：当那个我们所想象的超越表象的更高的、更真实的世界变得不可把握的时候，我们就绝望了。除了真理之外，德勒兹和福柯都描述了另一种更为历史化的超验性幻觉。德勒兹和加塔利将哲学史描述为"超验性平面"的建构，于其中我们创造了某种我们得以进行思考的基础或根基。(Deleuze and Guattari 1994)。我们可以看到的是：外在的审判之神的形象，我们只需要揭示他的律法就可以为思想提供一个基础；但是除此之外，其他一些不太显著的概念，例如存在、自然和文化也可以起到同样的作用。它们都提供了一个所有思想和生命行为得以被解释的平面。德勒兹援引过其他更不显著的、更为复杂的和更具有相关性的超验性的例子。或许最重要的就是"主体"这个概念了。当考虑到"主体"这个范例的时候，我们看到思考超验性之外是如何的困难。但是这样也可以解释为何德勒兹认为必须让哲学和艺术用概念和感受去摧毁那些预设的经验基础。

主体性

主体是自"上帝之死"(death of God)以来哲学上的一个现代概念。如果我们不再假设存在某种神圣的力量赋予这个世界以意义和秩序，那么我们必须要去解释我们的世界是如何地将自身呈现为一个有规律的和有秩序的整体。从 17 世纪哲学家勒内·笛卡尔(René Descartes，1596—1650)的解释开始，直至德勒兹经常批判的 20 世纪的现象学运动的解释，都认为经验总是属于主体的。主体性的基础总是认为我们所知的任何真理、存在或世界都是一个经验的世界；因此除了被直接经验到的东西之外，所有事物都向怀疑或问题敞开。这就是笛卡尔著名的"我思"(cogito)所表达的东西："我思，故我在"。当我怀疑所有事物的时候我仍然在思考着,所以一定有某种确定的基础:一个思考的主体。它可能看上去是对所有"超验性的"基础的解构,只局限于经验而非其他事物的范围内。当然,大部分20世纪和21世纪的理论都接受了这种主体的原则,这种原则根据德勒兹的说法,从哲学延伸到流行文化和日常生活之中。我们将世界看作被分离的和观察的主体所体验的对象,虽然我们将主体看作是被文化、阶级或性别所决定的。将世界看作"主体"所建构的东西,是一个很常见的看法。但是对德勒兹来说,主体只是超验性的另一种形式而已(Deleuze 1990:106)。我们可能不再有外在的基础(比如神或真理),但是我们又创造了一个被我们接受为某种终极基础的"思想的形象"(Deleuze 1994:31)。它产生定见和常识,采取的形式是"每个人都认为……"或"我们都知道……"或"这样想是很疯狂或荒唐的"(Deleuze 1994)。这就是为何艺术和哲学对我们来说非常重要。它们不仅创造了不再作为某种普遍被承认的主体的经验形式,它们还破坏了任何单个主体的和谐,从而思想得以被粉碎为感受、概念和观察。

　　为了解释主体是如何被建构为"超验性的平面",德勒兹将"我思"的形式描述为一个哲学的概念。我思(cogito)是"我思考"(I think)的拉丁文表述。笛卡尔认为无论我们怎么怀疑,至少我们必须是在思考,所以思考可以作为终极的基础。这种观点预设了经验,这些经验被给予了思考者。它没有考虑到"我思"可能只是经验的海洋里面的其中一个效果而已。因此,德勒兹说,一个例如我思这样的概念,总是一种对问题的回应,所以他实际上是说概念不能作为终极的基础。概念的产生是生命的活跃流动之中的一部分。比如,我思这个概念是这种问题的回应:我能够知道什么确定的东西吗? 德勒兹说,这个问题已经

73

释放出了某种联系。当我开始提问"我可以知道什么"这个问题的时候，我已经将我自身从世界之中抽离出来，然后我才努力去认知。我已经假定我与世界的联系方式是一种知识和判断，即世界是一组被再现的可能事实，怀疑着的我被置于世界之上与其相对，这个我是作为任何经验着的自我的典型代表。它将我思这个概念展示为三个特征。首先，我思这出戏剧假定了一种"概念人物"（conceptual persona）（Deleuze and Guattari 1994）。所有哲学都是这样做的；没有苏格拉底的"对话"或者尼采的"疯狂"我们就不会有任何概念。概念人物不是作者，而是概念所假定的形象。假如没有拜伦式的个体（不是历史上的拜伦而是一个类似拜伦这样的粗线条勾勒的角色），我们又怎么会有"浪漫主义"呢？"我思"的概念人物就是孤独沉思的笛卡尔。第二，概念创造、连接或是"强度的和序列的"（intensive and ordinal）（Deleuze and Guattari 1994）。德勒兹和加塔利将序列这个词语作为一个概念所创造的秩序，而强度则作为概念相互联系的感受。概念不是标签和连接点，它们创造优先性、秩序和"强度的区域"，比如对于抽象认知来说占优势的东西。笛卡尔的概念通过怀疑、判断和将世界作为可再现的物质，表达了一种类同性（affinity）。概念不是列举已经存在的（比如在序列和强度里面的）特征，它更创造和欲求特定的方式路径（序列和强度）："我在这里""我能知道什么？""这是我所怀疑的""思考就是确定性"。第三，超验性，或者一种思考的外在，就是通过我思这出戏剧产生的。我们可能会说，这里只"是"经验，没有主体或客体，没有内在和外在。这是一个内在性平面，一个没有任何显著感知者的纯粹的生命和知觉之流。德勒兹所说的"内在性平面"是指一个内在（心灵或主体）和外在（世界或确定性）得以被区分的预设的场域。正是通过经验，主体才得以形成。先有感知，通过感知，感知者才会被构成。然后这个感知者可以继续通过与外部或超验的世界相联系而形成一个作为"我"的自身形象。任何真理或超验性，任何基础或经验的根据，都总是一个经验的事件。我们不是先成为主体，然后才去认知世界；先有经验，通过这个经验我们才形成一个作为可区分的主体的关于我们自身的形象。在心灵的主体之前，先有德勒兹所说的"幼虫般的主体"（larval subject）：一种尚未被组织化为自我的感知和沉思的多样性。外部或超验世界的概念正是从这种内在性之中产生的，它不是由主体所产生，而是被动地受这种内在性所作用的结果。

德勒兹因此区分了"外在性"（the exteriority）和"外部"（the outside），尤其是在他论述福柯的《福柯》（*Foucault*，1988b；法文版 1986 年出版）之中，尽管内在性和解放的问题从超验性的多种形式上来说是一个在他的著作之中始终贯穿的问题。思想创造"超验平面"，后者产生外在（例如我们所知、所怀疑或再现的世界）和内在（例如心灵或怀疑的主体）。但是这种内在和外在之间的联系所依赖于的东西是隐藏的、预设的或"外部的"，而非外在的。譬如，一扇门能够创造内在和外在的边界，但这种区分必须在空间里面发生，它可能是更为激进的外部。或者说，一条缎带或一张纸可能被折叠以形成一个内部和外部的区分。但是这种区分有赖于纸张自身在简单的意义上来说既不是内部也不是外部；纸张可能是"外在于"由折叠所产生的内在和外在的关系。拿主体来说，主体性的内在和世界的外在是从一个非人经验或感知的激进的外部产生的。对德勒兹来说，思想的"外部"不是我们所知的或再现的东西，它是"内在性平面"，或者我们思考得以进行的所有假设、区分和分配。这里有两点需要提及。第一，这种从内在性出发的超验创造扩展到了哲学以外。我们可以将所有生命思考为一系列的"折叠"，每一个细胞或有机组织是被生命之流或生命之环境所创造的内在和外在所产生的。第二，我们需要将思想史那积极或肯定的一面看做超验平面的建构。作为具有创造性的动物，我们已经创造了超验的"真理"、"神"、"存在"或"实体"。

德勒兹因此在哲学和社会—政治学方面暗示了两种回应超验幻觉的方式。第一种是去肯定作为事件和创造的超验性，将任何基础、起源或终极外在看作是经验的效果。这是我们研究历史和哲学史的理由之一，即考察我们所产生的所有多样的平面或基础。德勒兹和加塔利的《千高原》，正如书名所暗示的那样，就是考察生命看上去被建基的那些历史的平面或高原：语言看上去预设了说话的主体；基因变异看上去建立在物种的基础上；多样的社会系统看上去是由"人"所产生的；所有我们的经济关系暗示存在着某种要被交换的原初的物质。但是这些解释的基础、平面或高原不是我们用以解释生命的原初的或终极的条件。基础是一种生产的后果；生命以两个向度表达自身，即产生基础和以某物为基础的东西。从生命的内在性出发，可区分的形式或层次因此得以区分。首先就存在着某种普遍的流，例如基因变异。但是超验幻觉一旦从已然形成的有机组织中产生，就将物种看做变异的基础。超验性的错误在于错误地颠倒了差异性和同一性之间的关系。我们以同一性为基础思考差异和变异，而不是认为同一性是从差异之中抽象出来的。我们以人为导向来看待基因，而不是认为人类只是基因变异之流的一个事件。我们将语言看作是说话者的"工具"，而不是将它看作

76

一股产生说话者位置的区分性的力量。

内在性

假如对超验性的幻觉的第一个回应是去思考那作为"超验平面"的所有不同的基础、起源和根基，那么第二个回应以及更不容易的任务就是去思考作为本然的"内在性平面"（Deleuze and Guattari 1994:59）。我们可以回到德勒兹的电影论著之中去找到上面这种平行对应。电影是影像的连接和对运动的影像化；但是就其所能而言，电影不仅仅能够呈现这样那样的影像，它还能够呈现任何影像得以被区分的流动或连接。因而我们从现实（一个给定的影像或影像段落）过渡到潜在，即任何高于和超越于其产生形式的时间之流的事件。

德勒兹与加塔利的著作里最为显著地直面内在性平面的两本书分别是《什么是哲学?》（在里面他们对内在性平面予以理论化）和《千高原》，在后者里面他们积极地探索了思想得以从中出现的所有的基因、地理学、微生物学、历史学和美学的生成。因为这个原因，《千高原》并不采取书本和论点的传统形式；它没有显著的开端，看上去是要捕捉内在性本身，因为任何高原（或章节）都是极佳的探索入口。思考"内在性平面"需要区分三种不同的层次或平面，但是每一个平面已然包含着其他平面和向其他平面敞开。首先，存在着混沌或者作为生命的差异之流，它先于任何组织化的物质或联系的系统。德勒兹和加塔利将此称为"混沌宇宙"（chaosmos）。它还不是一个"世界"，也不是由混沌形成的被生命感知为整体的东西；它是激进的外部。第二，从这条差异之流或这些独特的力量和强度出发，某种有机体得以被区分。每一个有机体形成了一个感知点或者向两个向度敞开:朝向它自身得以从中显现的混沌和朝向它自身被限定的形式。譬如每一个物种都有持续和变异的因素。人类的有机体通过想象它自身从中得以显现的基础,从而向混沌敞开,但是它总是通过确认人的位置来实现这一个过程的。德勒兹与加塔利将此称之为"双重表达"(double articulation)。生命并不产生封闭的形式,而是产生地层,即那些通过创造内在和外在的区分来减缓差异之流的相对稳定的点。我们可以将这第二个层次想象为超验性的创造或者生命的内在流动所形成的"世界"。最后,哲学或思考内在性平面从来都不是混沌自身,从来都不是完全地回到"绝对地解域"的第一个层次。德勒兹与加塔利认为,哲学赋予混沌以"一致性",让我们去思考那产生超验性的内在性的差异。被哲学所思考的内在性平面不是生命的基础或根基;内在性平面是产生任何基础的思想。譬如,德勒兹与加塔利认为,在被产生为基础的"我思"或主体的例子中,存在着一种预设的内在性平面:怀疑、知识、确定性、物质和思考的关系。内在性平面是任何哲学的外部或"前哲学"因素。思考内在性平面意味着思考外部,外部这种差异或分流的力量允许例如艺术和哲学这样的活动,这不仅是为了感知世界,也是为了思考任何世界得以从中显现的差异。

　　思考内在性的任务能够采取许多的形式,而且必须被周而复始地更新。艺术家必须不断地投入到经验的深处,去释放那使现实经验得以构成的感性。哲学家必须去创造那赋予混沌以"一致性"的概念;我们必须不断地重新向外部开放思考,而不是允许外部作为另一个基础的固化形象。哲学家们创造概念,远非作为基础或共识和确认,而是让我们去思考差异、断裂和围绕我们、经过我们的混沌。

德勒兹创造了许多这样的概念,也援引了许多同样肯定内在性的哲学家先驱。譬如,巴鲁赫·德·斯宾诺莎(Baruch de Spinoza,1632—1677)就拒绝将神看作创造一个分离的世界的某种外在的存在者。假如我们将神看作外部的创造,那么必然还有外在于神的东西,神就不是绝对的。因此,对斯宾诺莎来说,神不外乎是表现的实体(substance),实体不外乎是它的表现。不是先有实体然后才有它自身的不同表现方式。仅仅存在的是不同的表现,没有任何表现外在于或以其他表现为基础。对斯宾诺莎来说,只有我们的有限心灵让我们将世界看作是以可区分的和分离的实体为基础的;我们有限的想象将神思考为一个天堂之中的父亲形象。充足的理念可以将所有的生命看作一个不以外在于自身的东西为基础的绝对的表现;神不是一个分离的和具体的人格化的神,而是一个所有生命的无限力量。因此,充足理念将我们从我们的想象的局限性之中解放出来,呼吁我们去思考自身之外。因此,德勒兹通过强调斯宾诺莎的这一方面说明了,哲学应该是积极的和实践性的:它将我们关于世界的理念的已然区分的术语,扩展到去思考那产生这些术语的表现性力量。内在性对德勒兹来说,是一个具有未来向度的任务。

我们需要创造的这些思考方式,不是那些会封闭和解释经验的超验性形象的生产。因此德勒兹一直创造新的概念和新的词汇,甚至在同一本著作里面将相互竞逐的观点并置在一起,譬如《千高原》里面那多样性的声音。这样一种声音、概念和视角的增殖,防止了我们将整个生命思考为可以掌握之物。但是,当整个生命是超越于我们任何现实的感知的同时,这又并不意味着思想不能通过思考这个整体的生命来直面或转变自身。德勒兹自己的著作和概念就是这样的一个例子:他对那些艰深的、非传统的和革命性的文本创造,已经改变了我们看待自身的方式。我们不再赋予将生命看作与理论沉思无关之物的主体以特权,经由德勒兹,我们能够发问"我们是谁"和"我们可能变成什么"。将经验思考为一个开放的和内在性的整体,意味着承认经验的每一个新事件都会转变经验,因而在原则上阻止了经验有任何终极的或封闭的基础。因此对德勒兹来说,内在性就是唯一真正的哲学。假如我们让思想去接受某种超验性的根基,例如理性、神、真理或人性,那么我们就已经停止了思考。假如内在性对德勒兹来说是哲学的话,那么它也是一种伦理学:它不让经验受到任何将自身置于其他形象之上的单一形象的奴役。

如上所述,对内在性的定义都指向经验,它认为我们不能将经验的基础建立在一个形象之上。但是在此我们所说的经验是什么,又是什么阻止了经验成为另一个(超验性的)基础呢?这将我们带至德勒兹的经验主义,以及再次回到哲学和艺术那很有必要的交集和差异处。

经验主义

对德勒兹来说,经验主义不仅是一种哲学理论或某种特定的思想流派的看法。它是一种伦理学和政治学。就传统而言,经验主义是被定义为与唯心主义相对立的。对唯心主义者来说,我们拥有世界或经验的唯一方式就是,看特定的根本性的理念是否能够组织或建构一个世界。例如,没有因果联系或实体的理念,我们所接受到的或直观到的素材就仅仅是一个散乱的混沌的集合(influx)。我们拥有世界只是因为我们所接受的(经验或给予)事物是被理念所调和或组织的。因此,唯心主义也是对将他们自己的世界秩序化或建构为世界的某种主体概念的允诺。所以,唯心主义可能看上去像一种特定的哲学分支,但其实它不只是这么简单。在今天的文学理论和文化研究之中,我们经常将世界看作是一种由语言或文化"建构"起来的东西。当我们说世界的时候,即便是在更为宽泛的意义上,也是指我们所知的由人类共享的世界。我们不会思考植物、分子或机器的世界,因为我们仅仅将世界看作是概念化的或通过理念来再现的世界。动物也有世界吗? 狗也许有世界,但是金鱼或者甲虫呢? 对唯心主义者来说,这全依赖于是否存在可以形成某种有意义的感知整体的素材,而不仅仅是素材。这里存在着一种对意识或被认知和反映的经验来说的优先性。唯心主义承认存在生命和外在于我们意识的真实世界,但是它坚称这种生命或"真实"是被理念所调和或设定的。真实总是通过理念被给予的真实。德勒兹反对调和。他坚持认为不是先有生命或存在,然后被理念所调和或秩序化,生命就是直接地和即时地生活着的生命。我们不是感知到太阳的图像或理念,我们是经验到阳光自身。实际上,并非我们的理念对我们的世界予以秩序化,而是世界自身产生了使我们从中受到影响的理念(或形象)。

与唯心主义相对,经验主义主张理念并不对经验予以秩序化,理念是经验的效应。并不存在世界之外的条件(例如主体)让世界被给予。经验主义认为条件并不比那些被给予的和被设定的东西更高。更准确地说,我们不能使用主体和他的理念去解释世界或经验,我们必须考虑主体是如何从经验之中形成的。唯心主义者可能认为,之所以我们有一个因果律的有序的世界,那是因为"我们"通过因果律的理念将经验连接成一个序列。

经验主义者认为存在着连续的经验,例如 a 紧跟着 b,这种连续最终产生了因果律。理念是经验的反映,它由经验形成。

主体不是这些理念的作者。相反,经验发生于心灵之中,主体在这一系列的经验之中得以形成。心灵不外乎是经验所发生的"场所"(我们需要记住的是,还有其他的场所,例如非精神性的经验)。心灵先接收到"a"的印象,然后才是"b"的印象。它将这些印象或形象连接或综合,但是德勒兹认为在这里并没有一个进行连接的主体。相反,只存在着连接,而心灵不外乎是这些连接发生的场所。

下一个阶段或层次更为有趣。由于时间的流动,存在着"a"和"b"的先后接续;然后这发生了重复,因为生命的本质就是周而复始地生产。在某种程度上,心灵不仅产生了"a"和"b"的先后接续,它预期或期望"b"。我们期望太阳升起,我们预期我们的邻居会打招呼,或者我们期待其他的社团会跟我们的一样;这些期待和预期产生了一种因果性:比如产生了太阳升起的自然规律,或者认为我们都是同样的人的属性。在期待之中心灵形成了因果性的理念,心灵不过就是一种连接的力量。通过期待一个事件,通过将现在与过去相联系,心灵超越了经验(或被给予之物)朝向未来。至关重要的是:这种想象产生了理念,它源自生命,是生命的创造之流的一部分。理念是想象的产物。但是超越经验的理念仍然扩展了经验;这些理念并不从某种分离的主体性(或理念的)视角出发对经验予以组织或建构。

这或许看上去非常抽象,但是它有两个重要的政治蕴含。第一,我们不再将经验看作是某种主体的经验。经验那非人的或匿名的平面超越了知识和人类的世界。存在各种的经验和感知或印象:植物感知光线,身体的肌肉体验着拉伸,基因经历着滤过性毒菌的变异。人类主体是一个特别的经验连接的序列的效果。从物质性的印象(被身体所接收到的感性素材)之中,心

81

灵形成了非实体的理念：对未来的期待，人类普遍经验的理念，"自我"的理念和有序及有规律的世界的理念。经验不局限于人类的经验，这意味着存在一个各种世界的多样性。我们需要扩展经验的概念，去包括所有不同的回应事件和描述生命的印象。这包括了身体的感受（先于被理念所秩序化的和再现的感受）和超越了人类的感受。存在着分子的感知和差异的非有机的线（non-organic line）。人类主体是一种效果，它是所有这些多样性的生成，是僭越了所有不同有机体的，所有的分子的、基因的和非实体的连接。

经验主义和装配

德勒兹的经验主义的第二个推论与文学理论更为贴近。理念通过经验的外延而形成；通过一系列的"a"和"b"的接续，沉思这种接续的心灵就可以预期"b"是紧跟着"a"的。因此主体就是在这种被给予或经验之中构成的，对那尚未确定的未来的想象或预期也是如此。正如德勒兹和加塔利所描述的那样，社会建制（institution）或"社会机器"是拓展经验的集体性的外延或"装配"（assemblage）。譬如，想象一下一个身体与另一个身体连接，在这种连接之中汲取了快感。德勒兹和加塔利将这些身体的连接称之为"欲望机器"，他们的说法是来自一种严格的经验主义。我们在开始体验或感知的时候，不应该将哲学经验建基在某种具有优先性的位置之上，例如主体。相应地，欲望机器不外乎是它们之间的连接或经验。正是通过身体之间的相互连接或者经验，人类的心灵形成了理念。譬如，孩童的嘴因为在接触乳房的时候体验到了愉悦，所以就产生了欲望或者对乳房的期待。在这种期待之中，欲望可以产生一种形象或"投注"。

这就是德勒兹所谓欲望具有生产性的含义。我们通常认为欲望就是欲求我们所缺乏的东西，但是对德勒兹来说，欲望远不止现成之物。拿孩童来说，嘴上业已不复存在的快感产生了一种理念或进一步的愉悦的形象，这创造了一种"投注"。乳房变得不是现实之物（身体的一部分），它带上了附加的潜在面向——想象的、愉悦的和欲望的乳房。社会机器扩展和组织这些"部分的"投注以形成组织化的建制，例如"母性"，"家庭"或"文化"。正是这种能力让想象去期待、预期或拓展经验，产生看上去可以支配人类生命但实际上却是生命的衍生物或"虚构"的形式。

经验主义允诺独特的、片面的或"分子的"经验作为开端，从而拓展到"分子的"形式。（在《反俄狄浦斯》之中德勒兹和加塔利将他们的方法描述为由片面的客体构成的分子式的政治，以及将众多更大的社会形式粉碎为它们自身的独特的部分的精神分裂分析。）在与"母亲"相联系的"孩童"之前（在这些社会性的自我存在之前），首先存在的是一种前个人的感知，即嘴与乳房的连接。理念、意义或想象拓展了这些非人的物质性连接。理念有一个独特的和非人的开端。只有在身体连接以形成常规的接续的时候，我们才会拥有"人类"或"主体"的理念，而这些理念又反映了这些接续，将其扩展到某种普遍性的"主体性"概念。

对德勒兹来说，经验主义是一种伦理学正是因为它考察任何社会的形式，即便是像"人道主义"这么普遍的形式，展示这些形式的显现。我们不从例如人类文化这样的理念出发，然后用其解释生活。我们勘察理念从特定的身体和连接之中是如何显现的。我们可以看到这是如何开启对文学的新思考。我们思考文学的人物有两种方式。第一种是假设存在一种普遍的人类形式,然后小说家可以在它的多样性形式之中进行描述,添加细节和特性。这样文学史就会是再现人类生活的方方面面。我们能够将小说看作是对这种人类生活或者至少是对现代自我的再现。毫无疑问的是,许多的文学形式就是这样产生的,就像有某种人类的模式置于能够展示的直接经验之上那样。联想这种极端的例子,我们可能会想到最低劣的肥皂剧,在里面角色都是一个样,只凭他们身体外貌的特征和善与恶的简单道德划分就可以区分出来。剧里是淡而无味的和共同的人性,任何人都会与任何人恋爱或失恋。唯一的干扰因素来自被标记为坏人的角色;每一部肥皂剧都有它的"婊子"或"混蛋",他们的所作所为总是超出可以接受的人性标准之外。从另一方面和另一种极端情况来说,我们则会从感受开始,从多样的经验开始,这些经验没有先在的基础,它们使那些具有不一致的"强度"的角色得以形成。德勒兹援引法国小说家马塞尔·普鲁斯特(Marcel Proust,1871—1922)的小说,在 1964 年写了一本书篇幅的研究论著(Deleuze 1973),于其中被爱者变成了姿态、质地、气味和记忆所构成的整个"世界",所有的这些都开启了一条完全地超越了认知的全新的和隐藏的生成之线。但是即便是查尔斯·狄更斯(Charles Dickens)的小说都能够给我们一种人类是生命和差异之产物的意义,人类并非生命得以被感知的基础。狄更斯通过古怪的用语、奇怪的身体痉挛、非理性的欲望和感受,以及高度片面的历史构成了他的人物。人物不是一个单独的统一的基础或具有某种显著特征的身体;人物是一系列任意聚集的感受的装配或集合。《远大前程》(*Great Expectations*)里面的赫文榭小姐(Miss Haversham)的形象就是对男人的厌恶、腐烂的婚庆蛋糕、行将就木的身体、丧失的记忆、阴暗的居室和复仇的欲望。

人物是组成自身的多样的事件和历史,这对于任何自我来说都是如此。我们不外乎是我们所浓缩的习惯和沉思;我们是生命的事件,生命不外乎是所有这些独特的表达而已。他者不是像我们但有一些性格差异的人物。他者是另一个差异的可能性世界。假如文学是名符其实的话,它就不是我们所共享和认知的人类生活的再现;它是对向其他世界所敞开感受的创造。拿小说来说,这些感受正是向另一个人物的可能性世界而敞开。

84

文学与经验主义

德勒兹的经验主义或含蓄地或明显地对什么是真正的文学和什么仅仅是流行文化的陈词滥调进行了区分。对德勒兹来说,文学不是对已然形成的归纳的重复。我所阅读的米尔斯 & 布恩(The Mills and Boon)出版社的浪漫爱情故事只是确认了真爱的意义和可能性以及那些被我辨认为"如我一般"的女英雄,这不是真的文学。这种所谓的文学形式开端于已然假定的理念,即爱和人类欲望的标准的无时间性。真正的文学开端于多样的感受或经验,追踪它们在角色或人物之中的组织化过程。因此,德勒兹经常提及弗吉尼亚·伍尔夫(Virginia Woolf,1882—1941)和其他的现代作家就不足为奇了,因为他们的意识流技巧展示了一种流经意识的高度个性化的经验之流,是它产生和影响了角色,而非它以角色为基础。但是我们不需要谈得太远,我们可以思考一下经验主义与其他风格的联系所产生的影响。

譬如,我们可以将简·奥斯汀(Jane Austen)的小说解读为人类爱情和婚姻的戏剧式再现,从而解释当代对她的作品(以及所有的电影改编)的热情。但是我们的另一种解读方法则可以从内在性和经验主义得到启发。我们可以将她的小说看作是对社会形式的一种诊断或症候学，这样我们就可以通过特定的欲望或投注来追踪这些社会标准。不同于米尔斯 & 布恩出版社的浪漫爱情故事，奥斯汀并不将婚姻的理念假定为一种超验的善；她将理念或社会建制展示为想象的、被生产出来的和需要维持的东西。奥斯汀展示了特定的感受是如何产生出男性气质、女性气质和它们在婚姻之中的秩序的。（对她的作品的持久热情告诉了我们，这种对感受的组织化在今天依然还在发挥着作用。）奥斯汀的人物在开始的时候，都具有多样化的欲望和投注。在《傲慢与偏见》(*Pride and Prejudice*)之中，几个女儿们是通过多变的人物特征得以区分的：一个爱好书籍和音乐；一个近乎于死板地遵守道德规范；一个专注于军装和相关的男性仪式；一个欲求任何形式的婚姻、趣事、流言和时尚。每个人物都是这些感受的组合，它们都有清楚的社会性或集体性投注：时尚，流言和轻佻作为女性的"符号"。但是奥斯汀的小说总是展示女性是如何被这些感受中的一些而不是另一些所编码的。特定的感受和性质有很广的社会流行性；时尚和流言总是被重复、强调，形成任何女性生活的"全部"。另一些感受也被奥斯汀展示为女性的感受（因为它们构成了很多小说中的角色），但是仍然没有超出社会机制的范围。在《傲慢与偏见》之中，因为女主人公过度的道德和自决的性格，导致作为中心叙事的婚姻几乎不能进行。爱学习、讲究道德、爱好音乐和自决都是不被社会认可的女性感受。奥斯汀的小说既展示了感受是如何地构成了多样的人物，也展示了这些感受是如何被社会整体所组织起来的。婚姻只囊括了某些被特定感受所构成的女性，但却排除了另一些。"婚姻"被展示为一种由非理性的理念和被限制的想象所形成的建制。所有这些人物在奥斯汀的小说中都是"克制"的，不像某些简单的爱情故事那样，直奔作为目的的婚姻。奥斯汀的人物看上去是"挤压"进婚姻这种社会建制之中的。婚姻采取了琐碎细节和感受的多变性，赋予其普遍的和可确认的男性/女性或丈夫/妻子这样的形式。像奥斯汀这样的小说可以被解读为经验主义的演练。它们分解了例如爱情、法则和婚姻这样看上去管辖和组织着生命的建制，展示了这些东西是被特定的感受组合所虚构而成的。它们展示了为何人物仅仅是从生命之中产生的片面的经验而已，即便存在着例如婚姻这样的建制将我们确认为平等和同质性的人类。

文学的两个面向对经验主义敞开。一方面，它展示能够构成更大的形式的感受。例如，在奥斯汀的小说中就有一种至关重要的困境，它展示了女性气质是如何从轻佻、耽于肉欲、无所用心和虚假的浪漫想法之中被装配构成的。从另一方面来说，文学超越了对多样的感受的再现，产生积极的组织化，让这些感受形成理念。虚构和想象就属于生命生产的这一部分。我们生产自我的理念、社会的理念和例如正义和民主的建制的理念。就它的合法形式而言，这样的生产是内在性的，我们将它们辨识为以生命为目的的虚构。就它的非法形式而言，这样的生产会变成超验性的，我们会认为我们应该去遵守或认同那主宰我们经验的社会、正义或民主的理念。文学正是这些位置之一，从中这些理念可以被展示为虚构。对奥斯汀来说，"婚姻"是从经济的、社会的和感受性的经验之线被装配而成的。在奥斯汀的小说中有一种合法的和内在性的婚姻形式，即两个人创造他们自身的联盟以增强他们自身的力量。但是同样也存在一种非法的和超验性的婚姻形式，即角色受到一种作为外加于其上的标准的婚姻理念所主宰：为了这种理念自身，不惜一切代价去结婚。虚构正处于经验的核心位置，因为它暴露了理念通过其感受性的构成要素而生产和扩张。

在这些小说之中以及在德勒兹关于生活和文学的著作之中，爱情作为如此重要的母题，绝不是偶然的。在他论述普鲁斯特的著作之中，德勒兹展示了被爱者的感知是如何打开了另一个世界。虚构帮助我们避免了超验性的幻觉。想象有一个我们需要去用一组分离的符号秩序来再现的世界，这是超验性的错误。对于经验主义来说，所有的生命都是符号之流，每一种知觉都是一种指向外部的符号，并不存在位于这个符号世界背后的终极参照物或"所指"。（在这里，德勒兹的方法与结构主义相对立，后者认为我们是通过强加于我们的符号或"能指"系统来产生一个有意义的世界或"所指"。）在爱情之中，以及在对爱情的虚构小说之中，他者或被爱者，就是不属于我们的感受和强度的整个世界的"符号"。如果我们接受经验主义的原则，即认为不存在任何原则可以从外部主宰经验，那么有多少心灵就会有多少世界。经验之中的每一个点都向整体的世界敞开，但也向它自身的生成敞开。文学是对他者的和小说的多样性世界的开发，尤其是它会将爱展示为爱者和被爱者的不同世界之间的遭遇。

先验的经验主义

因此，经验主义是对内在性的允诺。任何我们用以解释经验的理念自身都是经验之中的一个事件。尽管，经验主义的危险在于我们将这种经验置于某种"平面"的内在性之中。我们倾向于将经验定义为人类经验、意识经验或文化经验。我们将经验思考为某种呈现于我们的、现实的东西。我们因此就不能

意识到我们是置于更为广义上的能够拓展到我们未知领域之外
的经验领域内的事件。内在性的原则要求我们不要将经验看作
是某种存在者或某种终极主体的经验。恰好相反,存在一种任
何存在者或理念都是作为结果于其中被产生的经验之流或多样
性。德勒兹因此将他特定的经验形式称之为一种"激进的经验
主义",一种"优越的经验主义"和一种"先验的经验主义"。经
验主义有一个很长的历史,可以追溯到18世纪苏格兰哲学家大
卫·休谟(David Hume),他主张理念是经验的效果(Deleuze
1991)。然而,经验曾经被当作人类或意识的经验,某种体验着
的存在者的经验。与此相反,先验的经验主义坚称并不存在经
验着的基础、主体或存在者,仅仅存在经验。德勒兹和加塔利经
常使用的词语,宇宙(the cosmos),就是一个生命的连贯平面或
"平面现象"(planomenon),它们都由差异而产生(Deleuze and
Guattari 1987)。光和热使得前生物性的液汤(prebiotic soup)变
成了生命的生产和基因链条的变异,因为病毒的"跃迁",向日
葵转向太阳,或者兰花由于黄蜂在相互利用的活动之中成就了
自身:所有这些都是感知或经验的形式:

> 沉思是创造,是神秘的被动创造,是感觉……植物通过
> 回收其所源出的那些元素(光、碳和盐分)来进行沉思,它
> 将自身充满颜色和气味,每一次都与其变量和构成相称:它
> 是其自身的感觉。

> (Deleuze and Guattari 1994:212)

先验的经验主义将思想从任何终极的形而上学基础上解放出
来,坚称生命绝不是某种现实的基础,而是潜在的多样性,不是

事物和代理者,而是沉思和收缩、事件和回应。并不是先有人或存在者,然后他们沉思这个世界;而是存在着被动的和非人的沉思。这些沉思创造了可区分的人类身体或器官。

这意味着不是先有世界(现实的世界),然后再由占有优先权的人类(主体)心灵来以影像(潜在的影像)再现它。生命正是这种现实—潜在的影像互动:每一条生命之流都回应其自身所不是之物,从而变成了他者。预期超出现实的范围之外,但同样也产生了新的现实。影像既不是现实的也不是潜在的,而是将现实性从潜在性之中带出的那个间隙。通过其自身的朝向,植物对太阳"影像化"或感知太阳,让光合作用的生成发生;植物不外乎是这种生成、体验和影像化:

> 存在着影像,事物自身就是影像,因为影像不是在我们的大脑之中。大脑不过是身处其他影像之中的一个影像。影像不断地相互作用和反作用,生产和消费。影像、事物和运动之间毫无差别。
>
> (Deleuze 1995:42)

拒绝将影像或生成看作某种优先的影像(例如大脑)的所在地,拒绝将经验归诸观察者或主体,这两种拒绝使经验变成了先验的。它让经验成为先验的原则:这种原则不是将自身建立在某种预定的进行超脱的判断的外部。思想的错误或它的根本性幻觉是超验性,在超验性之中我们的起点是某种作为我们判断的外部或基础的已然给定的术语或基础。从另一方面来说,先验的方法会提问任何外部或任何给定的术语是如何产生的;因此它将我们带到经验之中而不是带离经验。譬如,我们是如何走到将经验的心灵或人作为世界的基础这一步的？超验性说所有的生命都起源于人类经验或主体性，因为在这种情况下我们已经预设了主体。先验性则展示主体是如何作为一个效应被生产出来的。先是有经验，它们相互联系，形成身体的形象；沉思这些联系的身体错误地将自己当作作者或这些联系的基础。这就是超验主体的幻觉，它将主体作为经验从中发生的平面。

看上去先验的方法像是要等同于解构所有产生自经验的理念和形象，然后使经验屈从于它。如果我们开始感觉到做人的责任，迫切地或亟需让自己去与人性的理念相称，那么我们已经从经验之中得出了一个形象并且用其来为我们的经验立法。（在其论述尼采的著作，1962 年出版于法国的《尼采与哲学》[*Nietzsche and Philosophy*]之中，德勒兹批评"意识"总是奴隶的意识，因为意识的理念将经验之流固化为一个存在者；我们从而开始认同于自身的形象，而不是进一步地创造[Deleuze 1983]。）作为一种哲学方法，先验主义有着直接的政治蕴含。假如我们从任何基础性的（或超验性的）术语出发，那么没有任何东西（无论正义、民主、法律还是人性）可以作为政治主张的基础。（德勒兹和加塔利的政治主张总是指向去唤起"要到来的人民"：这不是对一种理念的实现，而是对未来理念的生产或生成。）这看上去像是要留给我们这样一种印象：即德勒兹的先验经验主义所能够做的就是去摧毁那些带有幻觉性质的理念，而所有的文学所能够做的就是通过使那些超越组织化理念的感受和强度多样化，从而让生命更加像一片混沌。然而，德勒兹的先验方法的积极一面却在于他提供了异于意识形态的另一种方法。在下一章，我们将会考察德勒兹的政治理论和反意识形态的观点。

小 结

德勒兹的哲学是一种先验的经验主义。但是这种方法不仅是一种"哲学之中"的方法,它还是基于生命的挑战的方法。假如我们认为所有生命都是一条生成和互动(或者在最广泛意义上的"经验")之流,那么哲学就必须是对经验的允诺。哲学就会是经验主义。假如哲学不能在经验之外预设某种基础,那么哲学只能是先验的经验主义。经验不能建立在人、主体、文化或语言的基础之上。存在着一种内在性的经验之流,于其中可区分的存在者(例如人类主体)得以形成。西方思想倾向于将这些存在者作为所有经验的基础;这就是超验性的幻觉。德勒兹的方法反对这种教条,努力去思考超越人类和固定形象的经验。他认为,这是一个伦理学的和实践性的任务。这将使我们从常识和人类理性的伦理形象的束缚下解放出来,让我们朝向未来而变化。一种思考经验主义的方法就是将所有的生命看作流和互动的身体或"欲望机器"之间的连接。这些连接形成了标准,后者可以通过"社会机器"从而被组织化。描绘这些身体从中想象和生产虚构、理念或装配的方式(这些看上去像是超验的但实际上却源自生命之流),正是哲学和艺术的任务。

欲望、意识形态与拟像

　　德勒兹的整个哲学工程都致力于反对匮乏和否定。从对电影摄影机到作为先验的经验之生命的论述之中，我们都已经看到了，德勒兹提供了一种积极的影像的定义。影像不是苍白的复制或者是真实世界的二流副本。影像完全是真实的，从摄影机产生的影像到眼睛——期待其直接视角范围之外的事物——产生的影像都是真实的。对于德勒兹来说，欲望同样也是积极的和具有生产性的，这会让我们以一种激进的新的方式去思考政治以及政治与想象之间的联系。欲望并不开端于匮乏，即欲求我们所没有的东西。欲望开端于连接；通过与其他欲望的连接，生命努力去保存和增强自身。这些连接和生产最终形成了社会的整体；当身体与其他身体相连接以增强其权力的时候，它们就形成了共同体或社团。因此，权力不是对欲望的压抑，而是对欲望的扩张。德勒兹反对社会整体的概念是通过意识形态（某种我们必须服从的压抑性的理念）而形成的，他认为社会整体是积极的和生产性的。社会整体采用欲望(或那些增强生命的连接),那是为了生产出利益(被编码的、常规的、集体性的和组织化的欲望形式)。与乳房相连接的嘴产生和增强了生命和欲望,但是这种连接的社会秩序化的影像(作为母性或家庭)产生了作为普遍利益的处境化的欲望。对德勒兹来说,这些对社会权力的常见解释的问题,与利益一起产生:它假定我们来到这个世界的时候总是带着现成的理念或欲求某种特定目的的欲望。他的方法的任务就是去解释,这些利益(例如人道主义、个人主义、资本主义或共产主义)是如何从欲望(具体的和特定身体连接)之中产生的。

意识形态

在文学和文化理论上采用意识形态的概念来进行批评,已经有很长的历史了。意识形态的概念有许多复杂的形式,但是总体而言它解释个体行为是如何与其利益相对立的。因此,意识形态被看作是一种可以伪装压迫的对想象的生产。它采取显著的宣传形式:我们被告知那剥削我们的市场力量是唯一使人类得以解放的方式,并且这种意识形态可以通过公开的政治信息而产生。尽管,对于文学批评来说,意识形态通常被看作更为复杂的形式。文学赋予世界以形式和理性,使这个世界被确认为可剥削的。譬如,女人阅读浪漫小说,认同理想的婚姻;她们因而自愿地默许成为父权游戏之中被动的棋子。因此,意识形态是一种解释经济或物质剥削是如何被形象所伪装的方式。

德勒兹的先验方法是一种不同于意识形态的批判形式。意识形态必须预设有某种有待揭晓的真实利益:譬如,女人真的想要解放但是受到意识形态的愚弄。意识形态同样假设了某种有待从强加于其上的文化幻觉之中解放出来的个体的标准形式。这种方法对权力和想象有一种消极的概念，即认为权力是压迫或歪曲"真实"世界的，认为想象是一种欺骗的功能。

但是从一种先验的视角出发，我们不能预设真实的利益，也不能预设我们可以在权力和形象之下发现的某种前社会的和本质性的个体。对德勒兹来说，先验方法的第一步就是展示人和利益是如何从欲望的混沌之流中被生产出来的。它展示了人、阶级或利益的外延的和个体性的归类是如何从感受中被"编码"的。回到简·奥斯汀或任何其他小说的人物构成，我们就可以看到对着装、肤色、姿态、言语和身体部位（细腰、曼妙的身材）的节奏的描述是如何构成了"女性气质"的。这不是说先有女人，然后她们被意识形态的陈词滥调错误地再现。"女人"是一种被社会编码的感受的装配，而文学则以其最大的能力去探索所有这些构成了人性的（personhood）形象的感受和强度。德勒兹与加塔利认为微观政治或"精神分裂分析"是一种考察独特的投注如何构成普遍性（generalities）的艺术。他们认为，那些被预设的人性的开端总是非人的和政治性的。回到奥斯汀的例子，女性的人性可以跟白人的白性（whiteness）相提并论，因此它已然是政治性的，因为它以一种极端的方式对身体进行归类。再次例举奥斯汀的例子，男性的人性之所以是力量、勇气和勇敢，也是有一个军事的历史在里面。今天，我们或许会认为女性气质可以以戴安娜王妃的形象作为范例。但是这并非一种加诸女人之上的被强迫接受的陈词滥调。这是从政治感受方面对"女人"的生产。戴安娜这个形象就是通过优雅、良好教养和心地善良而组成。在"男人"和"女人"这样私人的个体出现之前，先存在的是对感受的政治性编码。德勒兹和加塔利认为，"父

93

亲"这种形象总是等同于银行家、警察、税务官和政客。那些被预设的关于人性、男性和女性的普遍性形式,都是由政治性的强度而构成。

先验的方法并不起源于假设的术语,例如"人"或"人类利益";它通过强度展示这些术语的历史构成。这意味着,与意识形态所不同的是,欲望不是为政治所压抑而被编码的。譬如,当欲望——男人与女人的身体连接——被编码为神圣的布尔乔亚式婚姻的时候,它就会变成一种利益,而不是成为我们欲望的效应,成为那种看上去理应主宰我们欲望的法则。政治的构型或"政治机器"从欲望中产生利益。一组身体相互连接以扩张它们的权力,这就是欲望。这组同样的身体形成一种它们自身的形象,以作为人类生命的基础,这就是利益。正是通过这个过程,特定的投注,比如一个特定群体的身体的集合,可以被编码为一种普遍性的利益:白人之白性的本地性投注,变成了一种关于"人"的全球性投注。在德勒兹与加塔利的方法里面,解放不可以诉诸某种潜藏的利益,比如"人类"的解放,因为人类已然是从特定的和独特的感受之中构成的概念。与此相区别,他们致力于从利益之中解放出欲望的非人性。意识形态的政治理论总是在一种认知的层面上运作,它假设我们是被权力所欺骗或误导的;它剥夺了我们可能会拥有的权力和形象。德勒兹的先验方法拒绝去假定一个外在于权力和形象化的存在者。欲望自身就是权力,它是一种变化和生产形象的权力。欲望同样也有生产那些奴役其自身的形象的权力:即履行其社会义务的道德的"人"的形象。但是为了揭示和强化它们自身的生产,就不能脱离形象:为何我们要将自身局限在作为社会公民的男人和女人的形象之中,而不是变成其他形象呢?德勒兹的政治批判并不开始于反对欲望的权力,而是开端于一条单义的(univocal)欲望之流,于其中欲望产生了奴役其自身的形象。之所以欲望是单义的,那是因为没有任何权力的形式可以作为其他权力的基础或解释依据。权力并不压迫我们,它生产我们。正如文学那样,文化的诸多形式并不欺骗我们,它们是欲望组织和拓展其自身投注的形式。当强度和感受被增殖以便生产更多的经验的可能性之时,权力能够积极地运作。拿现代小说来说,比如弗吉尼亚·伍尔夫的《海浪》(*The Wave*, 1931),小说里面的感受和感知在人物之间流动,而"叙事"则经常从一个人物的视角到另一个人物的视角之间不确定地游荡。伍尔夫的小说是激进的,这不仅是因为它呈现了没有优先性的中心的多重视角,也因为这些视角不过是经验之流。在这里,没有感知的人物,这些感知的位置或"生产的区域"也没有被认同于专有的名字。素材、感觉和感知看上去是通过人物而流动,因而将人物展示为他们所遭遇的形象和他们那独特的生成。从另一方面来看,文学也可以消极地和超验地运作,感受和强度就被解读为某种潜在主体或人类本质的符号或象征。比如拿"新时代"文化来说,在其中,我们的梦想、我们的身体痉挛、我们的肤色和体型都被解读为指向真正的我们的能指,所有的感受都指向那个躺着有待医师进行解释的人。在这里,任何事情的发生都有一个原因;任何东西都是一个对有待被揭示的自我的"能指"。

单义性与多元性

95

假如我们接受先验原则,认为我们不能从任何优先性的视角出发来解释经验,而是需要从经验之流自身出发来解释经验,那么我们就同样也会接受不存在任何存在者可以被用来解释存在或给存在予以秩序。只能有一个单义的存在的平面。对德勒兹来说，单义性是一种激进的哲学可能性，它自身反对超验性。超验性是含混的：它既预设一种外在世界的存在者又预设一种认知的或再现的存在者——心灵或"人"。单义性预设一种没有基础和认知者的生成的平面。我们不能从一个被智性心灵所认知的物质世界出发，假定心灵是一种分离形式的存在者；这样就是含混性（equivocity）的或者说假定有更多的实体、更多的存在者的"声音"。含混的问题是逻辑的和伦理学的。从逻辑上来说，它使得说存在作为物质的存在者和作为心灵的存在者变得毫无意义。这两者在可能的范围内都存在，他们都表达一个共同的存在。西方思想倾向于将一种类型的存在者置于另一种类型的存在者之上，作为后者的基础。但是为了这样做，它必须占据一个与心灵和物质这两种存在者相联系的位置。所以心灵和物质总是在经验之中，都不能被看作截然不同的存在者去解释经验。从伦理学上说，预设这两种类型的存在者已经为道德建立了一个基础；心灵既赋予世界以理念，也再现世界的秩序。然而，假如只有一个单义的存在的平面，那么就没有任何存在者可以作为基础或者为其他存在者代言，所有的存在者只能是一个存在者平面的表达。每一个截然不同的表达或生成都会是与其他表达或生成的对等物。西方的形而上学传统已经被二元论或含混性主导很久了，我们可以设想一下存在一种多个类型存在者之间的道德秩序：神外在于世界，他是真实的存在，任何东西都是他的退化或"模拟物"。通常来说，含混性采取智性心灵的形式，这种智性心灵是超越可感的自然的。对德勒兹来说，尽管心灵是一种生成的模式，它表达允诺生成的多样性的生命。假如没有优先的存在者，假如只有一个存在，那么我们同样也处于一种多元论(pluralism)之中。每一个对存在的表达都以其自身的方式发生变化,并不指涉或联系任何基础性的存在者。没有任何对存在的表达是善或恶的;这里没有对世界而言的分离性的秩序原则。价值和联系(比如善和恶)都是从生命之中、从某种特定的生成的视角之中被拣选出来。

德勒兹坚称,我们从超越善与恶这样一个有限的视角(或者从一个判断生命的视角)出发,到达一个将所有价值都看作生命之流的效应的扩展了的视角。这意味着超越道德(在道德之中我们假设世界有一个善和恶对立的道德系统)抵达伦理学,在伦理学之中我们创造和选择那些将生命扩展为一个超越我们有限视角的整体的权力。我们的创造和选择,不是基于我们是谁(这样就会置入一种价值或目的于生命之中)而是基于我们能够如何变化(扩展生命最大的潜能)。假如我们将自身从超验性的幻觉之中解放出来,我们的生成就被加强,因为这种幻觉认为存在一种异于我们自身的(或在我们自身之中的)基础或法则,它只需要被遵守或揭示就行。最大化的生成是对单义性的允诺,它肯定所有那些僭越我们的差异和创造,它包括构成我们但又并不一蹴而就地定义我们的那些基因的、历史的和感受性的投注。

最重要的是,单义性、内在性和先验主义让我们远离现实和潜在二元对立的立场。西方思想倾向于忽视生成的潜在力量(它是可能性或尚未到来之物)。它宣称现实的世界是我们的起点,这个现实的世界已经包含了所有未来的可能性,这些可能性正是我们想象之内要发生的东西。可能性因而小于现实,但这并非可能性本身。在这种情形下,进化就不过是给定的可能性的展开而已,是一个走向预定的目的的过程。然而,对德勒兹来说,单义性意味着坚持整全的真实(real)由现实和潜在构成,

96

而潜在至少与现实有着同等的权力。生命对德勒兹来说是一种潜在的力量,一种变化的权力:它不是朝向某种业已给定的目的或者建立在某种预定的(现实的)基础上。潜在的差异有权力以不可预见的方式进行变化,它总是多于这个现实的世界,不受它的现成形式所束缚。潜在的可能性多于这个现实的世界,它不同于我们认为小于整全的真实的或可能发生但并未发生的东西(Deleuze 1988c)。存在者正是从潜在的倾向或可能性之中被现实化。例如,基因在截然不同的身体之中将自身现实化,但是也产生了超越那表达它们的身体的进一步变异和生成;这种生成可能被现实化,也可能不被现实化,但是它们仍然是完全真实的,是生命之流的一部分。然而可能性是一个苍白的和想象的现实世界的面向,而潜在差异和生成则正是世界的权力。任何现实的存在者都被潜在性所僭越,它不仅朝向可能的方向而变化,而且它的变量总是处于与其他生成的相互联系之中。一个有机体是流经它的生命的变量,但它也因为回应其他的有机体而发生改变。假如我们撤回到我们对截然不同的和封闭的现实有机体的感知,我们就能直观到一个差异的潜在生命和那些作为表达的变量。

拟像

今天,当我们使用"潜在现实"这样的词语的时候,我们的说法就好像:存在一个现实的或真实的世界,它仅仅存在,然后才有它的潜在面向或非真实的副本。今天我们也经常"后现代"地思考世界,因为世界已经失去了它与现实世界的联系,它已然被副本和影像所支配。后现代的世界被电视、广告、产品设计副本、克隆、名牌的无意义的重复和计算机对一切事物的仿真所充斥。不管我们是否庆贺还是哀悼这个世界,我们仍然通过现实和潜在截然二分的方式来描述它：曾经一度我们是接近现实的（现成的东西）但现在我们只剩下影像（潜在的东西）了。根据当代思想家让·鲍德里亚（Jean Baudrillard）的说法，这就是为何后现代文化被描述为"拟像"的社会。

　　拟像的一个最常被援引的文学范例就是堂·德里罗（Don Delillo）的著名后现代小说《白噪音》（*White Noise*，1985）里面那个"在美国最为经常地被拍摄的粮仓"。粮仓已经变成了一个旅游景点，因为它已经被多次拍摄；因此被拍摄的或者说被游客们所参观的，已经不是现实形态的粮仓本身，而是粮仓通过这种重复的仿真所变成的东西。粮仓是一个拟像，因为它没有起源了。在粮仓被拍摄过之后，你就只能拍摄那个在美国最为经常地被拍摄的粮仓了；影像化和仿真的过程先行于粮仓，产生了粮仓本身。只有通过图像的过程，粮仓才变成了可以被拍摄的东西（正如那个"最常被拍摄的粮仓"那样）。从鲍德里亚的观点来看这是值得哀悼的。我们业已丧失了与现实粮仓的所有联系（它们在农庄生活和农村文化之中的位置），掉进了一个我们只能以其被复制的程度来衡量事物的世界之中。德勒兹反对这种对现实和潜在的固化区分，他认为真实总是现实—潜在。首先，任何"现实的"存在着总已经是一个影像。譬如，第一个所谓的粮仓就已经是通过某种理念或粮仓的形象而建造起来的。为了建造、确认和感知现实的粮仓，就必须已经存在着某种普遍的粮仓的形象。现实世界不仅是潜在可能性的效应，而且每一个现实的事物都维持着其自身的潜在力量。某物之所（现实地）是，即它去（潜在地）变化的能力。譬如，粮仓能够变成一个旅游景点、一张照片和任何其他的可能性。我们倾向于认为我们有一个先行于仿真的现实世界，但是对于德勒兹来说，仿真有一个"原初的"过程。存在者或事物通过复制、重复、影像化和仿真

让·鲍德里亚（1929—2007）[1]

　　作为一个法国文化理论家，鲍德里亚的主要关注点是后现代转向仿真或"超真实"。对鲍德里亚来说，后现代文化的拟像主要的症候就是丧失了真实。我们不再有能力去区别真实的世界和它的影像。譬如，今天的广告销售给我们的是影像而不是事物；我们购买的是香奈儿（Chanel）、卡尔文·克雷恩（Calvin Klein）或盖璞（GAP）的品牌或符号而非这个品牌所表达的品质或价值。鲍德里亚最出名的宣言就是海湾战争"从未发生"。他这样说的意思是，媒体已经如此过度地参与和主导了这个事件，以致战争已经没有空间或真实的发生地点，因为战争是通过影像而获得胜利的。不仅是因为在中东有一个影像的战争，而且更因为在其中对中东的呈现已经对敌人进行了妖魔化，导弹的发射和追踪是通过影像装置来进行的，CNN 电视台的观众可以看到战争在发生的时候就已然是一个媒体的事件。战争的地点已经不再局限于中东，而是延展到每一个西方的电视屏幕，到达了这样一个地步：已经不能区分输送武器和输送影像之间的区别。在这样的一个世界，鲍德里亚认为，我们已经丧失了批判的力量。我们不能通过现实世界的对照来衡量潜在影像，因为我们已经丧失了所有的现实感。

99　　的过程而得以显现。每一个独一无二的艺术作品或每一个人类个体都是一个仿真：基因通过偏向而复制和重复，而艺术作品变

1　本书英文版成书于 2001 年，让·鲍德里亚于 2007 年 3 月 6 日逝世。——译者注

得独一无二不是因为它就是世界，而是因为它通过既是现实又
是潜在的影像而转变这个世界。

我们只能在潜在的可能性已然被现实化之后才能意识到它
们。我们从未看到过潜在的事物或仿真的力量本身；我们只能
看到被创造的事物，而看不到作为现实的感受的生成的过程。
我们只能从已然给出的艺术品之中看到创造性，但这并不妨碍
我们去想象未来的创造。一个现实的存在者也同时是一个潜在
的面向；一株植物不仅是它自身的物质构成，同时也是一种对水
和光的需要或期待。所以，与将世界划分为现成的现实和它的
非真实的潜在副本所不同的是，德勒兹认为存在一个拟像的世
界。在这里并不存在一个原初的生命，然后它才变异或以不同
的方式进行复制；每一个生命的事件都已然迥异于自身，没有什
么原初生命，只有仿真。

因此一种允诺单义性的伦理学就是一种可能性的伦理学。
我们增加自身的力量，这并不是通过肯定我们的现存存在——
"我是人，确认我"——来达到，而是通过扩展我们对那些潜在力
量的感知（我所不是的东西，创造"要到来的人民"）来实现。只有
在文学不被看做是对世界的再现，而是对尚未到来之物、不能呈
现之物或迥异于现成之物的东西的表达之时，文学才是一种肯定
的和可能性的权力。文学给予我们别样的世界和生成。它不是
产生现实世界的副本，而是扩展给定的世界的潜在倾向。我们不
应该再现一个关于思想是什么的形象，而应该最大限度地发挥这
种对新和无预设想象的思想的产生权力。文学是仿真或拟像的
权力，是去产生那不建基在任何迥异于其自身的生成的表象、影
像和风格的权力。在《差异与重复》(*Difference and Repetition*,
1994)里面，德勒兹援引了费奥多尔·陀思妥耶夫斯基(Fyodor

Dostoevsky，1821—1881)《地下室手记》(*Notes from Underground*，1864)里面的"地下室人"。这部小说是以日记体写成,即便地下室人不断地坚称他既不想被读懂也不想被理解。整部小说的风格就是一个悖论:一个声音一再地坚持不要被听到。然后,地下室人展示了一系列的场景,在其中他嘲弄传统、礼节和所有的布尔乔亚式的因循相袭的同时,他又坚持要融入这种他自己也承认是毫无价值的社会圈子之中。地下室人歪曲了言语的逻辑。去言说就是必须服从于语言、文化和某种最低限度的社会性。地下室人腐蚀了这种逻辑;他撒谎、他自相矛盾,他宣称他不想被听到并且要反对论点的内在一致性。与其说地下室人呈现给我们人类理性的形象,不如说他夸大了反对、误认、非连贯和一种先验的或过剩的恶和愚蠢的权力。愚蠢是先验的,因为它破坏了一种组织化的理性的理念。取而代之,我们看到了思想创造荒唐的、隐蔽的和没有目的或意图的怪诞联系的权力。

德勒兹反对那种认为存在一个现成的世界和它的潜在副本的想法,正如我们前面提到过,他为拟像辩护。任何事物之所是,即它变成他者的权力,它产生自身虚假的或伪装的影像的权力,它不忠实于自身的权力。"复制"这个理念预设了某种原本,而西方思想一直被复制的形象所主宰:认为存在着某种可以被用来衡量和判断主张者的起源(Deleuze 1994)。当我们提问这是否是真正的"正义"、"民主"或"文学"的时候,我们在想象着作为副本的或重复的这些事物的某种范本或标准。我们经常说一个人的"性格"是某种特色、风格或变量,是加诸某种基本的人的共同性之上的东西。但是像德勒兹那样去坚称生命仅仅是仿真,那就是坚持认为我们不外乎是我们所表演的各种角色或面具而已。这就是坚称不存在外在于每一个对公正或文学事件的发明和创造的正义或文学的"范本"。它不是认为我们先有一个自我，然后我们才通过仿真或表演去揭示或表达它，也不是认为存在一种可以用来判断未来文学创造的文学本质。起源或潜在自我或本质等理念，只不过是所产生的面具和副本的效应而已。通过每一次的表演产生新的自我和起源，从而拟像产生了起源的效应。

我们看上去总是哀悼今天我们生活在一个仿真的世界之中：譬如海湾战争、总统选举或电视"生活秀"这样的事件，就是作为媒体事件开始的，而且没有真实的实体。后现代文学经常被定义为一种仅仅援引或戏仿风格和形象但又并不言说或指涉任何东西的运动。正如上文所提到的，让·鲍德里亚认为媒体文化已然将任何事物还原为不再指向真实的表面的影像。德勒兹的拟像概念既抗拒那种想要回到一个生命"更为真实的"时代的怀旧，也拒斥那种认为我们现在生活在一个无真实缘由的后现代影像世界的想法。对德勒兹来说，拟像或影像是真实的，而生命是而且总是仿真———一种生产、创造生成和差异的权力。那种认为我们所拥有的只是对世界的再现或建构的想法，看上去是预设某种业已丧失或不再可及的真实的世界。无论我们是哀叹还是庆贺后现代对真实的丧失，这两种态度都假设拟像不是真实的，仅仅是副本。然而对德勒兹来说，拟像既不是晚近才有的也不仅仅是一个文化的事件。拟像不是真实的丧失或放弃真实；它就是真实本身。生命的力量通过增强自身的变量的力量和它被影响的力量而得以变化；它采取迥异于它自身所是的形式。它想象或预期它的所不是（尚未）。它仿真：通过生命那总是迥异于自身的力量而生成不同于自身的他者。假如文学是一种拟像的力量，这不是因为它只是不顾真实地援引或戏仿，而是因为它产生了新的仿真，新的对真实的表达。

101

小　结

意识形态认为个体因为某种更高目的的幻觉而放弃他们的欲望。意识形态提供了一种关于权力的消极的和压抑的思考。德勒兹反对那种认为欲望是被某种不同于欲望的分离的力量所压抑的观点,他认为是欲望产生了它自己随后(错误地)预设为需要被服从的权力。肯定欲望不是意味着消解权力,而是要求我们将任何假定的分离的法则或判断视角看作欲望的内在性平面的一部分。革命的开始,不是为了解释位于权力背后之物而对权力进行消除,而是将权力看作是生产性的、创造性的和没有秩序或外在目的的东西:这意味着将权力看作没有法则的欲望。从逻辑上来说,只能有一种存在。存在必须是单义性的。任何将世界划分为更高和更低的存在者的企图,都必须预设一个秩序点或外在于存在者的理性、一个判断的视角。但是任何这种视角本身就是存在和生命的一部分。通过对一个单一的存在的肯定,思想扩展到一种多元主义的伦理学,在这种伦理学之中每一种生成都是对生命的表达。从伦理学上来说,哲学和艺术的任务都是对生成的创造和最大化,它反对以其任何现实的形式对生成的确认。这是一种拟像的伦理学:肯定没有基础的变量,肯定没有目的的或外在于自身的理性之差异的重复。

102

少数文学:永恒回归的权力

在这一章中,我们会考察德勒兹对文学更具有针对性的评论,以及文学是如何向意义、潜在、仿真和文化想象的政治问题而敞开的。尤其是我们会看到,对德勒兹来说,我们需要将文学作为少数(minor)文学来对待。在上文我们已经看到了德勒兹对艺术、科学和哲学的区分。艺术拥有权力,它不是去再现世界或固化主体,而是去想象、创造和使那尚未给出的感受多样化。譬如,在文学方面这种感受是语言的权力,它并不局限于交流和再现,是一种变成声音的语言(一种结巴的语言),或者一种创造意义的语言(例如《爱丽丝漫游奇境》中那荒诞的世界)。德勒兹与加塔利认为,这种文学是一种少数文学。它不致力于建立模式,也不宣称再现人性。它产生的是尚未能辨识的东西。它不是在传统之上添砖加瓦,它是中断和移置传统。德勒兹与加塔利在他们1975年于法国出版的论述弗朗茨·卡夫卡(Franz Kafka, 1883—1924)的著作之中描述了这种少数文学,正因为卡夫卡是一种用德语写作的捷克犹太人（Deleuze and Guattari 1986）。卡夫卡并不占用一种语言或文化，并不认为那是可以据为己有的或认同于其自身的存在。对德勒兹与加塔利来说，所有伟大的文学在这个意义上都是少数文学：它的语言看上去像外语，向变化而敞开，语言是创造认同的载体而非对认同的表达。

多数主义/少数主义

通过他们的主要著作《千高原》，德勒兹与加塔利对少数主义（minoritarian）和多数主义（majoritarian）进行了区分。跟它们的所有"区别"一样，那些看上去很简单的对立实际上是非常复杂的。少数主义和多数主义是区分的方式。譬如，多数主义模式将对立呈现为业已给定的东西和建立在优先性和本源性之上的东西。所以，"人"是一种多数主义的东西；我们想象存在某种普遍性的存在者（人），然后才有本地性的变量：譬如种族的、性别的或文化的变量。男人与女人之间的对立是多数主义的：我们将女人思考为有别于或不同于男人的人。而少数主义的差异模式并不将这种区分建立在具有优先的术语之上，它并不将这种区分看作为一种已然给定的秩序。德勒兹与加塔利将"女人"或"生成—女人"描述为少数主义的东西（Deleuze and Guattari 1987）。这不是因为女人是少数的，而是因为在多数情况下，根本就不存在关于女人的标准或准绳。假如我们真正地承认生成—女人的可能性，那么我们就会承认存在某种真正有别于男人的东西：人类的生命不是被男性那理想化的理性、力量、主导性和活力所定义的。"女人"让人类向新的可能性敞开。"女人"是一个少数主义的术语，正是因为它依然是一个向生成而敞开的术语,正如它在早期妇女运动之中那样,还有很多对女人为之而奋斗的东西的争论。一旦一个词语变成了表达性的词语,而不是创造性的词语,它就变成了多数主义的认同。一旦"女人"被归诸一种新的标准,一种关于呵护、悉心照料、被动性或怜悯的具象的时候,它就变成了多数主义的东西:它可以排除那些不能实现这种标准的对象。

当文学完全地扩展它作为文学的权力的时候,它就总是少数主义的。少数文学是伟大的文学,但不一定是作为数量上少数(minorities)的文学,虽然这种情况也有可能。卡夫卡是一个伟大的作家,这不是因为他捕捉到了捷克人民那不能再现的精神,而是因为他写作的时候并没有一个关于"人民"的标准概念。他的写作,不是带有同一性的存在者,而是那尚未给予之物、那"要到来的人民"的声音。但是对于所有伟大的写作来说,这都是一样的。莎士比亚可以被看作是一个"少数的"作者,因为他的作品不是提供人的统一形象或一个莎士比亚的统一形象。他的文本更像问题的标记,每一次生产或阅读都会提出新的问题。当然,当莎士比亚变成了一种产业(旅游业、文化和学术)的时候,他就变成了一个多数的作者:我们寻求真正的莎士比亚,寻找他的原初想法和他作品之中的真实意义。假如我们将他的作品之中的潜能解读为我们从未认识的那个莎士比亚,那么他就会再次变成少数的作者。

105

文学的理念

从一开始德勒兹就肯定文学理念的权力(在这里理念不是那现成地给定之物,不是一种概括,而是我们所能够设想的超越任何现成的或已然给定的经验的东西。)对德勒兹来说,文学就是典型的没有任何统一的理论的东西。他并不认为文学是作者意向的表达，也不认为文学是对世界的反映或扭曲，更不认为文学能够被还原为读者所产生的意义。在《什么是哲学？》这本书里面，德勒兹与加塔利想要标记文学的差异性：文学是什么，不等于文学所揭示的生成的权力或力量。文学不同于科学，后者将生命之流固化为可以观察到的、能够由其功能被秩序化的"事情的状态"；文学也不同于哲学，后者创造概念，以便去思考生成的内在性，而文学则只探索其自身的方向或倾向。我们可能总是能够在任何文学文本的字里行间里面发现科学的或哲学的倾向。这就像人类是由动物性和想象所组成的，而动物是由物质和意识所组成的那样，文学文本同样也包含了观察和指涉的科学力量以及概念的哲学力量。但是因为人类从来就不是纯粹的意识，他仍然拓展了意识的倾向，将其从任何他的动物意识之中解放出来。正是在人类的生命之中，意识形成了一个关于它自身的形象，反映其自身，从而将意识的权力以最大化。同样地，正是在文学之中，感受的组成部分也这样运作。对于生命的起源问题，科学家可能会产生一个感人的甚或催人泪下的形象，但是使科学作为科学的却不是它那感受性的力量，而是它使生命功能化的力量。这只是一种倾向，而不是一种普遍性的或共同的特征。每一个科学的功能和每一个哲学的概念都以其自身的方式实现其倾向。

　　德勒兹将艺术的倾向指认为生产感受和知觉。这或许在视觉艺术里面尤为如此。与想象文学作品是感受相比，想象一个画家或电影制作者以其独特性，脱离所有意义、秩序或参照物来呈现色彩和质地是更为容易的。因而当文学使用语言的时候，就很难去考察到它如何能够避免意义或再现。当然，德勒兹在他的所有作品之中都提及到视觉艺术,并且他写了一本关于感觉的书来探索 20 世纪艺术家弗兰西斯·培根(Francis Bacon)的作品[1](Deleuze 1981)。但是我们需要小心,不能将感受的潜在概念还原为感性素材的直接经验。感受的发生,不是眼睛遭遇到色彩,而是这种观看给予了我们思想或潜在差异的形象,这种形象使色彩被给予,不是在这种情感(affection)中给予我们,而是作为匿名的感受给予我们。我们"看到"艺术作品的色彩,它不是在我们的世界之中被看到,而是作为被看到的东西、作为可视物,作为感性的权力而被看到。对德勒兹来说,文学有其自身独特的感受力量,这是一种与视觉艺术非常不同的力量。在文学之中被实现的感受,不是这样或那样的信息,不是这个或那个言说者,而是让言说和说话成为可能的力量,它脱离任何表达的主体。

因此针对风格问题,德勒兹提出了一种独特的方法。这不是说,存在着一个言说者的世界,他们通过风格来揭示意义和信息。恰好相反,存在着使言说成为可能的风格或创造,正是在每一个言说的事件之中,言说的位置或者说话者才被现实化。风格最好被思考为潜在的东西,被思考为变量和生成的权力,一种没有先在的参照物或基础的、创造常新之物的权力。德勒兹提供了一系列思考文学如何处理强度和感受的方法。每一个文学事件都开启了何为文学与文学会如何变化这个问题,因此每一个感受的运用和创造自身都是不同的。风格不是对信息的外部的或偶然的装潢,它是对感受的创造,从中言说者和信息才能被识别出来。

1　即《弗兰西斯·培根:感觉的逻辑》(*Francis Bacon : The Logic of Sensation*)。——译者注

符号与强度

107　　我们已经看到了某些文学形式在它们对感受的描述之中是如何具有诊断性的力量的。人物不是和谐的与统一的实体，而是装配或者"叠歌"（refrains）：是一个身体—部分、欲望与母题的集合。因此每一个人物都向一个独特的世界或生成而开放，它是一种贯穿生命和连接生命的独特方式。我们所遭遇到的人物是一个符号，但这却并非我们可知的或经验为一种完全不同的经验或生成之线的符号。在呈现感受之外，文学也能够将语言本身作为感受。这就是语言不再表达意义或信息而是更为接近于噪音、音乐或声音风格的面向。对德勒兹来说，这有助于我们去理解感受是为何既是独特的又是集体性的。感受是独特的，因为于其自身之外，既没有原因或证明，也没有秩序或联系。西方在白人的白性之上的投注是独特的，这种投注产生了一种特定的强度，从而在投注这个事件之后成为了有意义的或可供调整的东西；它变成了一种理性的或文明的符号。白人的白性变成了理性和人性的能指；但是德勒兹的方法却在于认为这些感受所再现的所谓所指性质都是效应，而不是基础。这绝不是说，先存在着"西方"的主宰，然后才有对白色皮肤的提升；正是在白色皮肤的感受上的投注、在一种思想风格上的投注、在特定身体和姿态等等之上的投注，才产生了西方。例如，我们总是在白色肌肤的、有菲勒斯的（phallic）、有权力的和活跃的身体上开始投注，然后将它提升为一种法则或普遍性的"人"的"能指"。

　　德勒兹在他的所有作品之中，都对结构主义者提出的作为"能指"的这种语言概念进行批判，因为这意味着存在着一个世界（参照物），我们在这个世界上发现意义，或者强加意义于这个世界（所指），然后我们用象征物或声音来对这些意义进行系

统化(能指)。认为语言是意指,这是一种超验的概念:我们先
预设一个外部世界,然后我们通过一个分离的符号系统来再现
这个世界。我们将语言当作是对某种"外部的"世界的再现、建
构或组织,因此语言就开始变为具有优先性的与独立的主体或
代理者。对于这个问题,德勒兹有两个主要回应。

第一,并不是先存在一个呈现出来的世界,然后才有呈现它
的语言。世界或者宇宙是一个意指或"符号指涉"(semiosis)的
内在性平面;在生命的自始至终都有符号和符码,它们并不仅仅
存在于分离的人类心灵或语言之中。比如基因密码;昆虫"阅
读"一株植物;胃分解和"分析"营养成分;计算机咀嚼信息和数
据:所有这些非人的变量和选择都是符码和回应的链条之中的
一部分。正是再现的神话将人类与一个被语言衡量的惰性的和
被动的世界割裂开来。第二,在符号被看作是再现性的和外延
性的之前,它们首先是有强度的。在语言作为一个让我们指涉
位于我们面前的世界的系统之前,就有了强度的投注。譬如,一
个部落喜爱并投注某种形象,如动物、身体部分或铭刻。这不是
说部落人们使用动物的符号去再现他们自己;这种情况是一种
基于这个形象的一种聚集或欲求,唯有如此部落才会产生。投
注产生了身体的装配,而不是再现身体。德勒兹与加塔利将这
些东西称之为"疆域的"或集体性的投注,正是投注使部落人们
团聚为一个群体,而这一群体并非某种投注所指示的潜在的身
份认同。通过观看和欣赏,部落人们的每一双眼睛都投注在一
个形象之上。通过这种强度性的投注,形象和铭刻得以被欣赏,
这些形象通过被"多重编码"(overcoded)变成了能指。当被欣
赏的形象变成了某种社会含义的符号之时,这种情况就会发生:
被部落人们所观看的身体变成了一个被惩罚的或被崇拜的身

108

体。不再存在单独层次上自由漂浮的形象,这些形象被看到或阅读为某种意义的符号,指向某种"阅读"那些意义的主体。最后这个"多重编码"的过程产生了社会机器与"人"。投注或感受性的欣赏被解读为符号,我们将这些符号作为某种预先存在的真实的代表;因而我们就假设存在一种先于投注和装配发生的人性。譬如,当部落人们的特定投注相互联系的时候,这就能被解读为某种潜在人类文化的符号:我们都是部落人们,都是人类的例子。但是将强度归诸某种潜在的真实需要某种人类学家的"多重编码"视角,即将每一个特定的部落都解释为普遍的人的能指。

在现代文化之中,我们将所有符号都当作"能指",都当作某种潜在意义的符号或者将其归诸某种说话的主体。(假如存在着符号,那么它就一定是某人意指某物和某个对象。)我们不再将语言作为强度的和效应的东西,不再将其当作一种吟诵、一种节奏和原始文化的咒语。我们将符号当作能指,我们以交流或信息(再现)来看待语言。我们将语言当作是说话者之间传递信息的媒介,而不是将其作为产生说话者的创造性的和有强度的事件。与此相反,德勒兹想要展示说话者是如何被作为语言之中的投注效应被生产出来的。这一点可以在自由间接风格和不定式(the infinitive)之中被看到。

间接话语与不定式

德勒兹在文学上的一个共同呼吁就是倡导文学的间接话语尤其是自由间接话语的权力。间接话语反映的是一种"来自外部的"说话或言说:"据说…","被思为……",等等。自由间接话语更为复杂。它采取第三人称叙述,但是却以被描述人物那习得的、共同的或陈词滥调的风格进行言说,因此既不是作者也不是人物在说话。我们描述人物的时候,是以他可能会使用的风格进行描述的。弗朗茨·卡夫卡的故事,1916年的《变形记》(Metamorphosis)就是关于格里高利·萨姆沙(Gregor Samsa)起床后发现自己变成了一只甲虫。在格里高利悲惨地死去之后,故事以对他的家庭进行描述作为结局。小说以布尔乔亚式的家庭及其"大团圆"的风格进行描述。在这里,既不是卡夫卡,也不是特定的人物在叙述以下的段落;小说的叙述以平凡的结局和生命总会归于正常的风格进行:

> 对他们的境况而言最为直接的改善就是来自更换住房所带来的好处;他们虽然必须接受更小和更便宜的屋子,但是这房子的位置更好,比他们以前所住的由格里高利选定的那一套公寓更容易打理。在聊天的时候,萨姆沙夫妇在无话可说之同时,也注意到他们的女儿变得更为活泼,但同时也想到在前段时间发生的这事情给他们带来了忧愁,不禁两颊苍白,无论如何她已经长成了一个亭亭玉立的漂亮姑娘。他们变得更为沉默,下意识地交换了会意的眼色,达成了一致的看法,是时候要为她找一个好丈夫了。这事情就正如对他们的新梦想和善意的确证,在他们的遐想结束之际,他们的女儿站了起来,舒展着她的年轻身材。

> (Kafka 1961:62-3)

我们要注意"更小和更便宜的屋子,但是这房子的位置更好"、"善意"和"一个亭亭玉立的漂亮姑娘"这些用法:这些都是表达毫无疑义的中产阶级日常性的词语。这看上去就好像女孩的年轻身体已然被布尔乔亚式的道德那僵死的语言所扼杀那样。在先前对一个家庭与人—甲虫一起生活的描述之后，后面这种"规范性"的叙述之中有一个明显的荒谬之处，似乎搬屋和寻觅夫婿是"善意"或者对他们之前那怪诞境况的恰当回应。自由间接风格通过人物可能使用的语言风格来呈现他们。在这种情况下，作者与人物之间的边界是不确定的；我们从来不能确定是谁在说话，到底是作者或者作者以人物的风格在言说。不定式就像间接话语和自由间接话语那样，将说话者和语言之间的关系复杂化。当间接话语展示言说的方式，又不将言说归诸人物的时候（因为我们所接受到的语言都来自别处），不定式的言说并不与一个主体联系在一起。与其说"我跳舞"或"他跳舞"，在不定式这里只有"跳舞"这种纯粹潜能，它不受限于任何跳舞的能动的主体。（在法语之中，不定式经常是单独的词语。"去思考"［to think］即思考［penser］，所以它的英语对应词应该是非人称的"思考"［thinking］）。

　　西方思想和超验性的逻辑将语言的模式假定为命题或判断。存在一个观察世界的主体，然后他在断言之中预测这个世界的特定性质。在 S 是 P 的命题形式之中，假设了一个主体或作为存在者的实体，然后它们拥有某种性质："树是绿的"。然而，不定式就像动词那样，在现实化的存在之前，它早就将潜能归诸动作和事件。与说"树是绿的"不同，它会思考不同的生成或潜能，例如"变绿"或"变成树"。对德勒兹来说，这种区别于命题的对语言的运用是意义的事件。意义是潜在的和非形态的，它是超越身体现成形态的身体权力。譬如，库克船长（Captain Cook）在 1770 年登陆澳大利亚，但当这种陆地和船的接触被称之为"发现"或"登陆"或"安置"的时候，一个意义的事件

发生了。意义有权力去转变身体,既转变了登陆者身体也转变
了被迫移居者的身体。当澳洲土著人将1770年的事件称之为
"侵略"的时候,他们也创造了一个意义的事件,这同样也转变
了身体所能做的事情。当"澳大利亚"不再被看作是一片空白
的有待被占据的土地("不毛之地",terra nullius)之时,当土著
人自己也同样不再被看作有待控制的身体,而是拥有表决的声
音、权利和历史的时候,土著人也能占据陆地。语言不是再现、
命名或命题,而是创造与其他物质性的世界(譬如那些身体、法
则和文化)相互作用的意义的世界。不定式、自由间接话语和
新的名字让我们更为接近那产生事件和运动的语言的权力。转
变澳大利亚的政治不是意味着赋予这片土地一个土著的名字,
因为作为一个寻常整体的澳大利亚的产生是与它作为某种有待
命名的单一事物的创造联系在一起的。不定式让语言成为可见
的,不再是命名而是行动。对土著人来说,土地不外乎是一个因
其可能性或潜能而有待命名的对象:是一片行走、做梦、绘画和
装配的土地。

111

　　对于意义的非有形转变来说,语言能够能动地或反动地运
作。从反动的方面来说,语言能够仅将自身呈现为描述,呈现为
一种对同一的世界的简单的认知或命题,这种情况下语言仅仅
是世界的副本。从能动的方面来说,语言能够扩展和表达它的
转变的力量,对德勒兹来说,语言的这种功能在文学里面最为常
见。德勒兹特别地援引了路易斯·卡罗(Lewis Carroll)文学之
中的非意义(nonsense)。卡罗将事件与生成从它们现在的和物
质的载体中解放出来,例如在《爱丽丝漫游奇境》(*Alice's Adven-
tures in Wonderland*)中的那个"在微笑中隐遁的猫"。通过对非
意义的使用,卡罗也展示了意义的显现。在《猎鲨记》(*The Hun-*

ting of the Snark）里面类如"鲨"（或魅，snark）这样的词语并非我们加诸世界之上的标签或描述；它们没有预先给定的含义。通过以新的方式组合语言，卡罗的文学创造了想象的动物和非有形的事件。它肯定了作为能动创造的语言，而不是将语言作为反动的再现。

对德勒兹来说，意义是潜在的环境，我们于其中得以生活和变化。意义不能被还原为语言的"含义"，意义是让语言产生意味的东西。譬如，只是在现代的性学意义上，像"同性恋"、"酷儿"、"异性恋"或"双性恋"等词语才有含义。我们不可能将"同性恋"这样的词语翻译为古希腊语或古英语，这不是因为在这两者之中缺乏相对应的词汇，而是因为它们根本就没有通过问题（这个问题就是在我的身体行为之上和之外的"我"的内在性别认同）或"性学"的意义来接近这个世界。意义不是一种语言的词语集合，也不是被命名的身体；它是我们思考或接近那些身体的方式。因为我将每一个身体都看作是拥有其自身的个人性向，这就使性心理学产生了意义。言说和思考，或者我们将世界看作什么，不是依赖于判断和命题，而是依赖于提问的行为。德勒兹说，不存在存在或非存在，只存在"？存在"（Deleuze 1994）。在诗歌和文学的非意义之中，我们不是将语言看作描述；我们看到语言通过意义转变自身的权力。譬如，当卡罗将两个词语的部件组合成一个叫"旅行皮箱"[1]的词语之时，他不是简单地将两个部件的意义相加起来，而是产生一种新的意义。

自由间接风格

与预设再现世界的主体的命题所不同，间接话语从一开始

1　portmanteau，port + manteau，港口 + 披风。——译者注

就是集体性的或"部落的"。在大多数的情况下，日常语言的表达方式都"来自别处"或者就是间接的。即便是简单的打招呼话语："喂"——"你怎样？"；"很好，你呢？"也不是某种由说话者所授权的东西。德勒兹认为，大多数语言都将"据说"和"我"说这种间接形式作为一种言说的特定方式的效应。正是在自由间接风格之中，文学将语言展示为"集体性的装配"。不是先有说话者，才有说话者对特定风格的采纳；而是不同的风格产生了不同的言说位置。

让我们来考察詹姆斯·乔伊斯（James Joyce）的《都柏林人》（*Dubliners*）里面"痛苦的例子"中的一句话：

> 詹姆斯·杜菲先生生活在查普里佐德（Chapelizod）地区，因为他想要尽可能地远离他曾经居住过的城市，因为他发现都柏林的所有其他市郊都是吝啬的、现代化的和矫揉造作的。
>
> （Joyce 1977:89）

尽管这个句子以第三人称叙述写成，它却使用了它所描述的人物的语言。将市郊地区称之为"吝啬的、现代化的和矫揉造作的"是从一种保守的、谴责的和道德判断的立场来说话，在这种情况下，"现代的"变成了贬义的东西。在《都柏林人》之中常常可以看到这种情况，尽管没有实际地引用句子，但是这种言说的方式已经是典型的位置而不是主体。使用"吝啬的、现代的和矫揉造作的"这些词语，或者言说"市民"就是展示都柏林在何种意义上已经是一部特定的词典。这个句子是以都柏林的"声音"写成的。这就是为何所有的少数文学都直接是政治的：

113

这不是因为它表达政治的信息，而是因为它的表达模式将声音从言说的主体带到一种匿名的或前个人的言说。譬如，乔伊斯的风格并非一个个体主体的表达，而是德勒兹和加塔利所谓"集体性装配"的表达。与其说建立一种外在于生命的超验位置（一种更高的道德），不如说自由间接风格从内部重复都柏林的语言，展示它的极限。像杜菲先生这样的人物是由他们言说的方式产生并受其束缚，这种言说也是一种感知的方式。判断与道德的口吻将杜菲先生与那个他自己鄙视的世界分隔开来。正如小说的标题所暗示的那样，乔伊斯的《都柏林人》是关乎于疆域，关乎于作为一系列言说方式的都柏林。因为叙述并没有引用符号，所以我们并不知道这种言说是属于何种主体。在《都柏林人》之中的说话常常并没有主观意图，它看上去像以一种近乎于机械的或非人的方式贯穿人物们。当一个人物提到"风湿病轮椅"的时候，而另一个故事（"死人"）却以下面这个句子开始："莉莉，看守人的女儿，真的是忙得脚断[1]。"（Joyce 1977:138）。轮椅不可能是患有风湿病的，你也不可能真的忙得脚断。

　　自由间接风格重复日常语言的无意义或噪音，展示语言是如何作为感受而流动的。我们以一种特定的方式说话，不是因为我们的信仰或理念的缘故。恰好相反，是言说的风格、短语和节奏产生了超越任何意识或意向选择的我们；正是生命和生成的风格，而非含义或信息将我们创造为欲望主体。在《都柏林人》之中"慈悲"这个故事，描述了一群商人使用宗教的术语来指代他们的"行业"，而他们的教区牧师却以"处理账目"这样的术语来指代宗教。乔伊斯的故事叙事以基督教信仰的语言来看

1　run off her feet，忙得不可开交，字面意义则是忙得脚断。——译者注

待它的人物商业探索:比如有"事务所"的神圣"行业","十字军"和"短暂地沉浸在普遍的哲学之水之中"这样的洗礼隐喻(Joyce 1977:122-7)。基督教的"福音"以会计的词汇概括被讲述的故事:"好,我们已经验证了我的账户。我发现一切正常。"在这里,人物是通过商业和宗教的语言产生的,这些语言被展示为实际上可以搭配、产生迷惑和变异的东西。自由间接风格展示了语言是如何将自己从言说者和意图之中解放出来。对乔伊斯来说,都柏林不是一种必须被语言所表达的民族精神或爱尔兰人物。人民是语言的事件,是一种"集体性的装配"。语言有其自身的感受性力量,它在含义之上,超越含义。在乔伊斯的几乎所有作品之中,宗教以足球歌曲、流行歌曲和广告词等方式一再地被重复,它是噪音和强度而非"意指"。当我们唱一首集体歌曲或说一个例如"凡事必有因"这样的短语的时候,我们通常并非言说或意指任何事物。我们只是在重复口号或者那组成我们的压抑(refrain)。

114

因此文学通过自由间接风格产生出了两个方向。第一,文学诊断那创造我们的感受和强度。在乔伊斯的例子中,他展示了作为疆域的都柏林是如何通过宗教道德和布尔乔亚的商业来组成的。第二,文学也有意义的积极面向。一旦自由间接风格将语言从任何言说的主体的所有权之中解放出来,我们就能看到语言之流本身,看到它对意义和非意义的生产,看到它的潜在的和创造性的权力。这就是为何自由间接风格使用第三人称,从一种习得的和匿名的语言的视角来描述单独的人物。它将我们之所是展示为我们的言说风格的效应,而我们的风格和习惯总是从别处习得的。(生命冲动贯穿我们,它不是某种我们拥有的东西。)位于语言的起源处的并非"我",而是一种匿名的

"据说"。意识之流将这一步推至更远,它甚至将语言推至一种集体性的装配,比如现代都柏林的疆域。语言变成了一道流、一个列表、声音或感受的系列,它并不一定要"言说"或"意指",并不一定产生从噪音到词语、从声音到意义的过渡。

生成的区域

当自由间接风格诊断特定的语言疆域,文学也就朝向"绝对的解域",于其中感觉和感受都从言说和判断的主体之中解放出来。德勒兹与加塔利以这种方式看待弗吉尼亚·伍尔夫,尤其是她的小说《海浪》(*The Waves*)。与乔伊斯的《都柏林人》所不同(但与乔伊斯的《尤利西斯》[*Ulysses*]相同),伍尔夫不再诊断一种产生特定的个人风格的有限言说方式。她创造直接感受的风格。假如艺术是对感受的创造,或者说感性经验是独立于它的现成组织的,那么语言又如何变成艺术呢?语言总是理所当然地有含义的或概念性的吗?语言的艺术需要开启语言的可能性或潜能,开启它的创造和遭遇的权力,而非业已构成的形式。在德勒兹的《千高原》之中,以伍尔夫作为案例,由头至尾都在表述这个文学问题。

陈腐的日常定见是从我们所见或所感知的事物直接过渡到我们所言说的事物,从可见的世界直接过渡到意义的生产。定见言说的时候,就好像生命的可感经验已经是富有含义的、在场的和毋庸置疑的,只需要语言的确认就行。定见采取"我不喜欢这样,因此这就是不好的"这样的形式。定见直接从感性到达意义,它预设一个会全部同意这种判断的共享的"我们"(Deleuze and Guattari 1994)。文学艺术将意义与感性相分离。在伍尔夫的《海浪》之中,知觉与意义相互斗争,语言变得"结巴"(用德勒兹的语言来说）。意识流呈现词语、知觉、接受到的噪音、引语和连词,它们没有任何外在的叙事组织主体。在伍尔夫的小说中,这些分为两个方面。最常见的是感受从任何人物之中分离出来,但这里也有从任何客体之中分离出来的知觉。在《海浪》之中,对可感的知觉的描述(被接受的或直觉到的东西)与人物的感受(被感觉到的东西)纠缠在一起。我们经常很难或者不可能去判断谁感觉到什么东西,或者意识到什么东西。颜色、影像、感觉之流贯穿文本,句子既不能被清楚地归诸外在的叙述者,也不能被清楚地归诸被描述的人物。德勒兹与加塔利将它描述为"生成的区域"(Deleuze and Guattari 1987:277)。这里并非先有一个存在者,然后它才变化,而是先有一个变化的倾向,这种倾向产生一种不同于可区分的存在者之间的差异的差异:"运动、生成,换言之,速度和迟缓的纯粹联系、纯粹感受是高于和低于感知的门阀的。"(Deleuze and Guattari 1987:281)。这里并不存在一个被感知的世界的和谐秩序,并不存在一个被影响的主体和指涉这种经验的语言。恰好相反,"知觉"和"感受"是被注意到的东西,而不是被分离的视角所秩序化的东西。文学变成了感受,一种非人的节奏、声音或腔调,它们朝向一个指派的世界。

少数文学

对德勒兹与加塔利来说,文学之所以是重要的,不是因为它向我们所传递的信息,而是因为它有权力去将我们从语言的编码信息之中带回到含义从中得以出现的声音、记号和感受之中。德勒兹与加塔利认为,在含义或意指之前就存在铭写(标记或书写)的系统。他们在一种前历史的意义上,在人类语言和含

116

义从原始的和身体性的联系之中显现的意义上，来坚持这种观点。部落通过这种铭写、纹身、雕刻或身体绘画得以形成。在这里尚未存在这些记号所要再现的潜在身份认同；装配在这些记号之外什么也不是，这些记号或疤痕除了其自身之外也不是什么东西的符号。在这个装配或建域的事件之后，这些记号就可以被"解读"为某种普遍身份认同的符号。当一个身体将它自身置于部落之外，将自身呈现为社会秩序的代表的时候，这种情况就发生了，记号就被用来进行再现。暴君从部落之中出现，将他自身作为法律的形象和神的后裔。记号从而就变成了有某种外在参照点（暴君的身体）的归属的符号。疆域被解域了。它现在不仅仅是身体的装配。身体有了"链条之外的剧变"，将自身作为起源、意义或装配的法则。某种类似的东西也将语言的功能解释为意指。语言开始成为记号的系统或感受性的铭写、非意指的符号（声音，字母和物质性的差异）。但是这些记号之所以可以被从它们的起源处解放出来，变成解域的，是为了产生意义；我们可以将记号解读为并不标记自身的某种含义的符号。不论是谁在言说，词语都有权力去表达意义；只有在词语不是我所产生的声音，而是被当作词语，被当作"我们"都会承认的意义的时候，意义才会发生。所以语言在记号解域的时候才发生；记号不再直接地指涉那表达或承载它们的身体；记号是我们所有人共享的意义的符号，它高于和超越于任何单独的铭写。语言本质上是解域的、集体性的、部落的或与任何单独的身体或言说者相脱离的东西。通过将符号与任何单独的起源相分离，解域让我们去言说；我们能够通过集体性的装配而交流和变成言说者。当我们将主体想象为所有语言的起源的时候，再建域发生了。我们认为是"人"发明了语言，而不是认为人这种存在者是语言的效应。

我们已经看到了自由间接风格是如何通过将语言的出现展示为噪音或高于和超越任何言说者的意图的感受,来对语言解域的。但是通过德勒兹与加塔利的少数文学概念,还有另一种对待语言的方式是"集体性的装配"。他们在主体群落(subject group)和屈从者群落(subjugated group)之间进行了区分,这直接与政治的风格相联系。先验的经验主义要求我们将语言看作一种行为或事件,是它产生了潜在言说者或主体的效应。在他们的生成这个事件之前并不存在言说者或主体。主体群落的形式是言语行为或要求,是生成的事件。(想象一下,譬如,妇女运动的初期是肇始于别样地言说,而不是确认男性理性的标准。)主体群落通过言说或生成来形成自身。(妇女运动在一开始就是一个文学运动,"女人"这个概念就是通过小说和女人的书写创造出来的。)屈从者群落则恰好相反,它言说的时候就好像它是再现而非形成它的身份认同。例如,当我们开始将女人的书写看作那有待文学铭写的潜在女性的表述的时候,屈从者群落就发生了。这个群落变得屈从于一个关于其自身身份的形象;它的生成不再是开放的,而是被看作某种特定本质的生成。书写变成了规定性的和多数主义的;它现在建立在身份认同的基础之上要求我们去确认它,而不是对身份认同的建构。

少数和多数之间的分野(或分子和克分子政治之间的分野)因而就不是数量上的,而是性质类型上的。多数主义的身份认同已经建立了它的衡量方式的外延性单元,这是一种专有的或再现性的数量的概念。在这里到底有多少男人或人类根本就毫无区别,我们都仍然知道什么是"男人"。这是一种外延的多样性。因此人性就有可能包含或确认女人或黑人,将其视为

"平等的"。它之所以能够如此,不是改变了它对人类的概念
(作为理性的、个体的和目的导向的动物),而是通过宣称女人
和黑人也可以是理性的、民主的、受经济驱动的和道德的,"就
跟我们一样"。

　　少数主义的政治在容纳或身份认同方面没有前设的(或超
验的)衡量方式或标准。每一个增添的成员都会改变整个群落
的性质。(当非中产阶级妇女加入到妇女运动之中时,女性主
义必须改变它那家政的、良好教养的、优雅的和"淑女的"[lady-
like]形象,去概括那些在家庭之外工作和辛劳的妇女。当有色
人种妇女被包括进这个运动之中时,就会引发一场对妇女与男
人"平等"的挑战,因为许多关于男性的标准都与白人文化相
关。)强度的多元性不能增加或减少必然地改变其自身的性质。
你如果将更多的光线加入到一种颜色之中去,它势必变成另一
种颜色。这就是强度的多元性。从强度的多元性出发,少数文
学的写作并不是表达它之所是(就像它有一个身份需要去重复
或再生产那样)。少数文学的写作是为了产生德勒兹与加塔利
所谓的"要到来的人民"。它的身份总是暂时的,总是处于创造
的过程之中。澳大利亚土著文学的每一个新文本都转变了土著
文学的定义本身。即便有足够多的例子,少数文学也并不会变
成多数的。恰好相反,越多的少数文学文本,越多的新的身份加
入进来,就会产生写作者更伟大的敞开、生成和非确认性。澳大
利亚土著诗人穆德鲁鲁(Mudrooroo,1938—)就将各种形象囊
括在他的诗歌里面,例如鲍勃·马利(Bob Marley)的雷鬼乐
(Reggae)等黑人文化,以及来自西方资本主义的"玷污"的形
象。穆德鲁鲁的作品是土著的,这不是因为它拥有对某种起源
的纯粹再现,而是因为它创造了一个特定的疆域,土著文化从中

得以被呈现为一个没有其自身的作品模板的,对形象的生成和协商、融合和转变的过程。当文学的过去范例被解读为某种潜藏本质的符号的时候,这样一种文学就会变成多数主义的文学:假如艺术委员会拒绝对那些不够土著的作品予以资助的时候,或者假如批评确认了土著文学的某种潜藏本质的时候,这种情况就会发生。

永恒回归、差异与重复

因此,所有"伟大的"文学都是少数文学。譬如,乔伊斯的《都柏林人》就是让文本的风格追随都柏林的声音。但是被表达的东西却不是某物之所是,它不是一种民族精神、遗产或家园。都柏林被表达为一种风格,更准确地说,被表达为一种混杂的风格:对宗教语言、口号、来自浪漫爱情小说和商业话语的短语的混合物。使文学成为少数的东西不在于有多少说话者在文学里面被装配,而是这种装配的风格。多数主义的文学或政治将自身呈现为高于或超越于风格的声音,呈现为先于其自己的表达的普遍性的主体。举例说,我们或许可以考察罗贝特·布鲁克(Rupert Brooke,1887—1915)的战争十四行诗里面的一些句子:"假如我会死去,就我一个人:/这里有某种异国田野的角落/那是永恒的英格兰"(Brooke 1970)。在这里不仅被表达的东西(或内容)被指认为无时间的家乡,言说者处于其中的家乡;这种风格也是多数主义的。因为在这里言说者的位置被清楚地表达为显著的"我",以及一种循规蹈矩的抑扬格五音步诗行的节奏,就像声音是处于一个永恒的英语诗歌里面似的。诗重复的过去,就像过去是一个不变的整体,是一个言说者参与其中并且从中产生其独特的身份的整体。

119

伟大的文学就像少数文学那样,总是有一种更为意义深远的重复。它不是对文学的表面形式的重复,它并不产生业已建立起来的形式或节奏。少数文学之中的重复是生成。真正重复莎士比亚的十四行诗要求重新激活那产生原作(the original)的所有创造性力量,而这也可能会导致放弃掉十四行诗的形式。最大的重复就是最大的差异。重复过去并不意味着模仿它的结果,而是重复时间的力量和差异,它将今天的艺术生产为断裂性的艺术,就像它生产过去的艺术那样。少数文学的"重复"不是为了表达过去的事情,而是为了表达一种不合时宜的权力,一种干扰身份认同和内在连贯性的语言的权力。乔伊斯的《都柏林人》"重复"都柏林的声音不是为了强调他们的无时间性,而是为了揭示他们那被建构起来的或机器般的性质,即语词和短语是如何在绝对的解域运动之中变成无意义的、移置的和变异的东西的方式。乔伊斯所重复的东西就是差异的权力。

德勒兹描述了两种思考差异与重复的方式。第一种是再现的模式,从中我们可以想象一个基本上总是相同的重复的词语,虽然这里也有少数的或者不重要的差异在里面。这种模式给予我们一种再现模式的概念。尽管也有差异,这个概念让我们看到一些总是相同的事物。在这种模式下,重复艺术或文学就意味着尽可能忠实地复制某物,意味着努力去贴近模板或原作。布鲁克的十四行诗忠实地重复形式,重复那先于它的表达并且作为其表达的基础的英格兰的声音。第二种是积极的模式,或德勒兹的差异与重复的模式,在这里,一个重复的词语可能看上去是相同的;但是却是差异性而非相同性在产生重复。对词语的每一次重复总是对该词的一种不同的开始,会转变词语的历史和文本。更宽泛地说,可以设想一下我们真正地重复法国大革命的情形。假如我们要穿上十八世纪的着装,建起一个假的巴士底狱并重新进行占领,那么我们只是重复那表面的形式而已;这里根本就不存在任何革命了。然而,假如我们要把握革命的力量,即那开启法国大革命的对差异的要求,那么我们就会面对完全不同的情况,面对那必定是不能被预测的情况,因为第一个发生的事件必然是不可预测的。真正的历史是无政府主义的历史。真正的重复是差异的最大化。当乔伊斯重复都柏林的声音的时候,这些声音变成了不可确认的千差万别的东西。它们不再是日常生活之中习以为常的毋庸置疑的和不变的声音,它们变成了不稳定的、任意的和向无限的转变敞开的声音。

　　差异与重复这两个概念区分开了多数文学和少数文学、经验和先验。少数文学重复过去和现在,是为了创造将来。它是一种先验的重复:它重复那产生文本的差异的潜藏的力量,而非重复已知的文本自身。因为少数文学重复的并非其自身的声音,它没有任何归属的意义。设想一下,后殖民主义的文本并不渴求其自身已然给定的声音,而是重复和转变过去的文本:简·里斯(Jean Rhys,1894—1979)的《梦回藻海》[1](*Wide Sargasso Sea*,1966)就是"重复"夏洛蒂·勃朗特(Charlotte Brontë,1816—1855)的《简爱》(*Jane Eyre*,1847);约翰·马克斯维尔·库切(J. M. Coetzee,1940—)的《敌人》(*Foe*,1986)就是"重复"丹尼尔·笛福(Daniel Defoe,1661—1731)的《鲁滨逊漂流记》(*Robinson Crusoe*,1719);彼得·凯里(Peter Carey,1943—)的《奥斯卡与露辛达》(*Oscar and Lucinda*,1988)就是"重复"埃德蒙德·高斯(Edmund Gosse,1849—1928)的《父与子》(*Father and Son*,1907);彼得·格里纳韦(Peter Greenaway)

1　又译作《藻海无边》。——译者注

的电影《魔法师的宝典》(*Prospero's Books*, 1991)就是"重复"威廉·莎士比亚的《暴风雨》(*The Tempest*, 1623)。在少数文学里面,重复就是重复传统的声音和法则,以便开启声音的特定风格。比如,我们不再将过去和法则看作英格兰的声音,而是看作身处其他声音之中的一种声音,看作一种创造未来的权力。对德勒兹来说,风格不是声音或内容的某种装饰。声音、含义或者文本所说的东西就是与它的风格不可分割的。在文学的感受和生成之后,并不存在什么"信息";任何信息的意义或潜在含义都是特定的风格的效应。它是产生位于面具背后的言说者的那个面具,但是只有先存在这些面具或人格我们才能言说。

　　多数主义的文学将自身呈现为对法则或独立于文本的含义的忠实描述。因此我们可以将任何作者(从莎士比亚到乔伊斯)解读为伟大的人类精神或传统的表达。多数主义的风格和重复渴求一种先在的和作为基础的模式;它重复那最小的差异形式已然给定的东西。设想一下所有对十八和十九世纪小说的这些电影改编都采用文学的画外音、精准的时代服饰,并且将电影或电视方面的特征减至最小。少数文学则恰好相反,它不重复声音或模板,而是重复那产生原作的差异的权力。文学作品的电影化重复必须以转变电影同样的方式去转变文学。当罗伯特·阿尔特曼(Robert Altman)在《短片集》(*Short Cuts*)之中拍摄雷蒙德·卡佛(Raymond Carver)的短篇小说之时,他不是生产一系列的短片。他使用电影这种特定的媒介去生产重叠的叙事而非多样化的叙事,然后再别样地附加上各种视觉效果,比如一系列既不属于任何叙事部分也不被摄影机对焦的"待售"的符号。重复文学作品不是复制作品,而是重复产生这作品的差异的力量。这就是差异与重复的先验性;这是对差异的潜在和

121

隐藏的权力的重复,而非对现成经验形式的陈词滥调般的重复。少数文学重复一种声音的时候,不是为了维持传统,而是为了转变传统。里斯的《梦回藻海》不再让我们将《简爱》仅仅解读为一部十九世纪的小说。《暴风雨》的所有的文学和电影改编都使莎士比亚的原作变得不同,因为它们揭示了原作那变化的权力。

像少数文学这样的真正的文学因此就是德勒兹的永恒回归(eternal return)这个概念的范例。唯一重复或回归的东西就是差异,没有任何两个生命的运动是相同的。通过时间之流,任何重复的事件都必然是不同的(即使在与其前驱[predecessor]相比也是不同的)。生命的权力是差异与重复,或者差异的永恒回归。每一个生命的事件都转变了整个生命,而且还会周而复始地转变生命。所以,永恒是并且未来还依然是与其自身不同的,它总是永不停息地向生成敞开。与此相似,每一个文学的事件都转变了整个文学。这不是说自从我们阅读了 T. S. 艾略特(T. S. Eliot)的《荒原》(*The Waste Land*)之后,就不会再以同样的方式阅读莎士比亚了;不是说我们已经丧失了原作。因为原作或莎士比亚的文本,已然带有所有后发重复的潜在力量。

多数主义的文学、政治和风格将自身解读为再现性的和解释性的:即对原作或现成基础的再现,认为它们只需要通过某种风格进行解释和呈现即可。少数主义的文学、政治和风格不外乎是它的每一个独特的事件。对这些事件的任何重复都同样是对整体的重复。假如像乔伊斯《都柏林人》这样的文本就是我们所认为的文学,那么重复乔伊斯就也意味着重复和再确认这种转变的力量。对德勒兹来说,这是文学永恒的和不合时宜的权力,或者文学永恒回归的权力。文本并没有限制其如何被阅读或者它之所能的内容。假如一个文本是真正的文学,它就会转变它的内容,转变文学的内容并且表达差异的权力,向新的内容敞开。差异因此并非内在于时间的力量,而是时间自身的力量,是永恒和不合时宜。在时间之中唯一不变的东西,唯一的永恒,就是差异和时间本身:它总是不同的。

小　结

　　德勒兹拒绝以再现的方式看待语言。并不先存在一个惰性的和无意义的世界,然后它才通过符号被秩序化和再现。所有的生命都是"符号的",是一个创造差异的过程,而这些差异反过来需要被"解读"和回应。语言是生命和差异之流的一个模式。在文学之中,我们不是将语言看作世界的图像,而是看作产生截然不同的世界的差异之线。在少数文学之中,我们将语言看作能动的构型,看作对风格的创造和言说者的可能性。在多数主义的模式之中,文学将自身展示为对"人"或民族身份的表达或再现。少数文学创造集体性的装配;它们创造让身体形成新的疆域的风格,它们不断地粉碎任何总体的或普遍的主体形象。多数文学重复过去的形式,将其自身屈从于所有这些形式都表达的某种假设的主体。少数文学只是重复差异的权力;它的生成不是**内在于**时间之中的生成,而是不合时宜的生成。差异不是在不同形式之间的差异,或者不同于某种原作的差异;差异是周而复始地产生新形式的权力。

7

生　成

125

通览本书,你会发现德勒兹的写作目的可以归纳为强调生成,而非存在。但这种生成总是采取一种特定的形式。从古希腊开始就有哲学家们认为我们只有通过我们感觉的变化之流才能认知这个世界,我们从来就没有看到事物本身。这就是为何柏拉图拒绝文学的第二层模仿,我们的感觉总是已经脱离了事物之真正所是,而艺术只是呈现感觉印象的进一步仿真。在1969年出版于法国的《意义的逻辑》(*The Logic of Sense*)之中,德勒兹将他的哲学描述为对柏拉图主义的克服(Deleuze 1990)。通过对生成和仿真的肯定,柏拉图主义被颠倒;并不先存在起源或存在,然后才有通过仿真过程而产生的变化。通过颠倒柏拉图主义,我们清除了存在的基础,承认了生成的内在性(作为无根基和基础的生成)。这并不意味着将生成置于存在之上。这意味着清除这两者之间的对立。德勒兹坚称,预设的位于生成之流背后的真实世界并非存在的稳定世界;在生成之流之外无

物"存在"。所有的"存在者"都只是生成—生命之流之中相对
的稳定的时刻。根据德勒兹的说法,阻碍思考生成的东西是人

126 道主义和主体主义。这两个倾向都假定某种生成的基础:要么
是作为变化的世界的认知者的人类,要么是在生成之下潜藏的
主体。德勒兹的著作是反人道主义的,这不是因为它想要用在
生命显现方面的其他模式(例如文化、语言或历史)来取代那占
有优先性的"人"的形象。德勒兹对人的理念(作为基础性的存
在者)解构是对更为普遍的生成的肯定的一部分:思想是生成。
(尽管在这里"是"变成了值得质疑的东西,因为在一个生成的
世界之中,某物"是"什么这个问题总是向着它所尚不是而敞开
的。)德勒兹的任务是不根据模式、公理或基础而思考。哲学、
文学和科学是生成的权力。通过产生差异的或活力的生命权力
的概念,哲学让我们去思考生成的力量;通过创造功能让我们能
够扩展我们的知觉至现成给定之物以外,科学让我们去对物质
进行组织化;通过创造转变我们看待经验的方式的感受,文学让
我们去产生变化。

生成—不可感知之物

我们所感知到的现实世界是由诸多潜在倾向所组成的。我
们所感知到的颜色,例如一贯的红色,是眼睛对光线的收缩(或
现实化)的结果。人类的眼睛将光线现实化为"颜色",这是因
为还有其他的存在者会以其他的方式将光线之流现实化为别的
颜色:色盲者的眼睛也能感知到光波,但却感知到单一的色彩。
因此,感知的现成形式是从更为复杂的纯粹差异之流里面形成
了它的功能。所以存在着观察到潜在之物(光线之流)的诸多
可能性,而这些可能性可能是被现实化了的,也可能是未被现实

化的(或由眼睛看到的)。所以总是存在着多于现成世界的世界,总是存在着我们所能够看到的世界之外的潜在的世界。因此,现成的世界不仅通过一个潜在的虚拟平面而得以扩展,在任何现成知觉的核心处也同样存在着潜在的面向。人类通过倾听音乐将声波现实化,但是蝙蝠却通过对声波的"观看"和导航而将声波予以现实化。对德勒兹来说,生命开端于纯粹的差异或生成,或差异化的倾向,例如差异化的光波和声波,这些差异接着被不同的感知点现实化:比如人类的眼睛。我们这个存在者的世界,我们感知到的外延性的事物,不过是生成之流的各种收缩。更进一步说,每一种收缩都有其自身的绵延:人类的眼睛能够感知到所有不同的光波,将其看作各种色块,而更为复杂的眼睛或激光则不会将光波同质化为一种单一的色彩。

将某物看作是现成的,这也需要对时间的潜在综合:只有在保持过去感知的记忆,并且预期和连接到对未来的感知的时候,我们才能看到事物。只有在将其联系到过去的感知,让我确认这种感知为红色的时候,我才能够将此物感知为红色。我也能够预期下一个尚未呈现出来的红色的事物和变量;我们感知到的现在,都有这种虽尚未显现但却不失为真实的潜在的晕圈。从一方面来说,感知减缩(reduce)差异性。人类的眼睛只感知到它所感兴趣之物。我们减缩生命那强度的、复杂的和差异化之流,将其感知为一个具有外延的物质对象的世界。从另一方面来说,人类的眼睛也能够扩展和最大化这种差异:预期未来、回忆过去,让现成的感知向潜在而敞开。一个艺术家感知到红色,他可能会想象到那尚未被现实化的所有红色的变量和变种。当我们感知到特异性(singularities)的时候,这样的情形就会发生。

127

　　在大多数情况下我们不会感知到生成,我们只能感知到经验的世界,外在的有外延的事物的世界。但是也有可能,尤其是在艺术之中,我们感觉到的经验不局限于这个世界的经验。我们也能够经验到感性自身:不是受特定的感知者的兴趣所局限的感性的收缩和组织化的事物。德勒兹将此称之为“感性的存在”(Deleuze 1994)。特异性正是这种感性的生成,是感性的潜在力量,是它的不合时宜的可能性。设想一下你走进一个房间,你知道这是艺术画廊,但是灯光是熄灭的。你的眼睛预期到尚未成为可能的颜色视像,虽然没有任何现成的颜色,你已经有一种对将要看到的颜色的感觉或颜色的潜能。特定的艺术作品能够通过特异性呈现这种潜能,这不能被还原为任何现成的颜色。特异性不是时间之中的形象,不是被知觉所组织化为连贯的和有序的世界,它们是时间之流的差异产生出来的事件。时间,或者生命之流,只是这种感性事件或特异性的冲动,我们从而经验和感知它们为一个现实的世界。

　　因而在某种程度上,我们可以将艺术和它对特异性的呈现看作“生成—不可感知物”。通过对生命的复杂之流的收缩,我们变成了可感知的或外延性的身体,或者处境化的感知者。当我们感知有外延的对象的时候,我们减缩感知的混沌,这样我们就能变成观察这个对象的“主体”。与之相对,我们则变成不可感知之物,不再与生命和差异相分离,因为生成某物即处于生命的影像流动之中。这就是为何德勒兹与加塔利喜爱卡夫卡的文学:在那些故事里面,卡夫卡想象变成昆虫、穴居动物或机器。在这里,我们能够从动物的角度来想象生命。与其说作为一种置身于世界之上的存在者,不如说我们将自己确认为一个影像之流,就如心灵接收影像一样,而大脑是身处其影像之中的一个影像,是一种可能的感知方式而不是感知的源头。

德勒兹的影像概念与他对内在性的探索紧密相连,对他创造生成这个概念来说也非常重要。就一种标准的理解而言,影像或者我们所接收到的东西,不外乎是某种超验现实的影像而已。这种影像只会是真实的副本,是第二等的或附加于存在之上的潜在"生成"。(这里先有一个世界或存在,然后它们被感知到,或者通过时间而生成,我们通过所有这些影像才能拥有世界或存在。)然而,德勒兹坚称我们需要内在地思考影像的概念。我们到底如何形成了一个接收影像的心灵/大脑/眼睛的概念呢?好像我们从一开始就已经有了这个大脑和自我的影像似的。正是从我们的经验、运动或影像之流出发,我们假定某种组织化的中心,并且也假定了某种在我们所见的影像背后的真实世界。(但是我们是通过影像的内在之流而实现这种假定的。在一开始,只存在一种非人的经验,然后我们将世界观的预设进行组织化,将其与某种"思想的影像"相对立,例如大脑、心灵、主体或人等思想的影像。)德勒兹反对将影像作为感知的观察者所见的现实世界的副本这一概念,他主张影像化的或仿真的内在性生命。譬如,一株植物不是一个静物,虽然我们将它感知为静物。植物是对光、热、湿度、昆虫授粉和诸如此类的接收;它是一个与其他生成相联系的生成的过程。即便与植物更为相关的概念是原子的概念,即不能选择或收缩知觉,仅仅是它对其所"感知"的力的接受或回应。我们可以将艺术与哲学思考为生成—分子或生成—不可感知之物。我们并不是真的要变成分子或动物,因为这样会意味着完全放弃写作。但是通过接近或想象一种非人的动物、机器和分子的视角,我们就不再将自己当作是位于生命之上并与生命相对立的不变的感知者。我们将自己沉浸在生命的知觉之流之中。人变得超越自身，或者扩展到其自身的最高能力，这既不是通过肯定人性，也不是通过返回到一种动物的状态来实现的，而是通过生成—混杂性来实现这种并非其自身的状态。这种生成创造了"逃逸线"；我们通过生命自身想象到了生命的所有生成，我们使用人类的想象力来肯定了人类的局限。

在其作品自始至终，德勒兹都使用"分子"这个词语来指涉那些由我们的知觉所浓缩的差异。生成—不可感知之物可以与理论的概念使用相对照，在古希腊语中"*theoria*"，就是去看的意思，这意味着一种将其自身与差异和感性相分离的提升了的视角。生成—不可感知之物是一种感知的分子模式，它转变了我们的自由概念。首先，生成—不可感知之物是对放弃或转变思想的知觉影像或我们判断和规范生命的视角的挑战。第二，这之所以是一种感知的分子模式，正因为只有从人类器官的关注点与组织化的视角之中解放出来，知觉才能敞开自身，超越自身。最后，生成—不可感知之物产生了一种新的自由概念：它不是那种可以与生命的力量相分离的人类自身的自由，而是通过不再将我们自身视为与生命相分离的视角而获得的自由。我们从人类身上获得了自由，向生成的事件而敞开。在这里，自由不是必然的对立面；它不依赖于一个反对必然的自然的自由的自我。恰好相反，存在一种不再从我们的片面的和道德化的视角来观察世界的自由。通过感知生命（也即是我们自身的）的力量和权力，我们与生命一起变化，肯定生命的创造权：我们不再从一种幻觉般的人类判断的位置出发来反对生命。自由需要我们去超越人类，去肯定生命。对德勒兹来说，文学的本质正在于此。

生成—文学

我们来考察一下,布莱特·伊斯东·艾利斯(Brett Easton Ellis)的小说,尤其是那部极其暴力的小说《美国精神病人》(*American Psycho*, 1991)。这部小说是关于一个热爱录像带、设计标签、流行文化和高档餐馆的雅皮士(yuppie)的故事。他对拷打和破坏也有着如狼似虎般的渴求:他谋杀和吞食女人、流浪汉、黑人和儿童们的躯体。阅读这本书的一个方式是认为它是一本"关于邪恶"的小说。"我们"可以将其解读为对连环杀手的想法的忠实描绘。然后,它也可以被解读为对资本主义、公司主义(corporatism)、美国、商业文化或现代性的控诉。这正是阅读德勒兹与加塔利产生的问题,因为资本主义不是历史之中的一个时刻,而是所有的社会生活都有的一种倾向。正是所有这些政治空间的属性产生了交换、系统和"非人的"结构。将《美国精神病人》解读为对一个特定的与处境化的邪恶人物的描述(无论是否男性暴力、资本主义还是对杀手的病理学研究)只会是一种道德阅读。这种阅读需要一个外在于文本的视角,从而"我们"就能够采取一个分离的批判或判断的立场。

从德勒兹的视角出发,这种阅读会呈现给我们所有理论和道德论都必须面对的问题:这种评判体系如何能够证明自身的正当性? 只有当这种评判体系将自身感知为分离的、稳定的和与其感知相割裂的时候,评判的视角才能谴责邪恶的人物。任何善与恶的道德系统的问题在于它将本质上为能动的选择("我肯定这个,否则那个")呈现为反动的,就像已然被一个不变的价值系统所预先决定了那样("这是邪恶的")。文学所做的就是去拆解这种道德论的限定立场,尤其是像《美国精神病

130

人》这样的文本。它扩展了知觉，使其超越道德判断的固定视角。它以伦理学的方式感知：通过特定人物和行动的显现，它感知到"品性"（ethos）或习性（habit）的位置。在《美国精神病人》之中，中心人物是通过对餐馆菜单、聊天秀、设计潮流和时髦口号的第一人称叙事而形成的；他只不过是一个由一系列投注和强度所固定的个人。小说的章节内容不外乎看上去像"直白"的评论，它以1980年代音乐的嘟囔（mag）风格讲述，没有任何个人角色或者心理学的感觉。

生成—不可感知之物意味着不再知道我们是谁或者我们是什么；这意味着与那僭越我们的差异、强度和特异性的更大的开放性一道进行观看。譬如，《美国精神病人》就不能在善与恶之间采用一个明确的分界线。这种组成了连环杀手的相同的力量（对福利国家的抱怨谴责，由于面对商业的陈词滥调而持续加强的内在强度的欲望，以及自动的、孤立的和控制的躯体的投注），同样也是那组成"正常的"美国的力量。德勒兹与加塔利对权力的书写，是为了识别弥漫于我们所有人之中的"微观法西斯"（micro-fascisms）：这是反动投注的倾向，它不管我们的革命性的兴趣（Deleuze and Guattari 1983）。《美国精神病人》诊断那不能被包括于人物之中的反动的投注。叙事重复了1980年代的餐馆菜单的"断裂"风格，这种风格以毫无厌烦的详细描述来道说动物的部位、酱汁和配菜，也是以同样的腔调在后来的叙述之中描述躯体的性行为和肉体拷打折磨。小说的叙事从一个包含性的"我们"——即叙事提及的组成我们生活的各种价值观、影像、流行歌曲歌词和商标——走向一种病理学的、暴力的和毁灭性的精神病状态。在小说的场景之中，文本从对性—场景那标准的、陈旧的和情色的描述走向一个更为陈词滥调的对肢解和拷打的描述。《美国精神病人》的文学艺术在于它的"生成—不可感知之物"的风格。我们从来都感觉不到是谁在讲述，也感觉不到一个划界的叙述者的存在。小说的中心人物贝特曼（Bateman）不过是他自己所援引的那些风格、标签和潮流而已。我们没有从一个分离的视角看到连环杀手；在阅读这部作品的时候，我们感知到的强度和投注是既同时属于那个暴力的邪恶人物的，也是属于"我们的"世界的。

　　日常的道德论述，比如寓言、讽喻和肥皂剧，都是在善与恶的固定意义上进行操作的，这样做的出发点是一个常识的和人类认知的视角。文学破坏这种感知者和被感知物之间的分界。我们不再将自己置身于一个组织判断的位置，而是与我们所遭遇的并构成我们的力量一起变成他者。这就是自由：这不是一种来自知道我们是谁的判断的自由，而是一种将我们从我们有限的自身—形象之中解放出来的自由，是一种面向生命的敞开。就这种自由的最简单的方面来说，我们可以看到伦理的生成或自由是如何被固定的思想形象所束缚的。假如我们接受我们是谁和我们应该是什么这些常识，那么我们就会简单地将那些被称之为"邪恶"的人物排除在外；我们好像就能够保持自身的良善、圣洁和"纯粹"，远离那些被认为是反对生命的力量。但是如果我们采取另一种解读方法，就可以要求一种对非人的愉悦和悲伤的知觉。在这种情形下，我们肯定那增强我们变化（愉悦）的权力，并且对那限制我们的东西（悲伤）说"不"。我们通过愉悦所肯定的权力正是超越我们特定的自我的生命的权力。（假如我肯定我的行为是妇女运动的一部分，那么我可以扩展整个生命的权力；这是因为如此一种肯定是为了包括、扩展和创造更多的联系。与此相反，如果我肯定我作为一个杀手、种族主义者或道德卫道士的权力,那么我就会否定生命的权力和那些超出我的生活的生命;在这种情况下,我只是加固了或扩展了我132　的感知边界而已。)德勒兹反对作为道德的两个对立面的善与恶,他追随斯宾诺莎的足迹,提倡在愉悦和悲伤之间的伦理学联系。悲伤的知觉是那些消解我的权力以及所有生命的权力的东西;而在愉悦之中,我会感知到那并非我自身的东西,从而扩展了我之所是与我将所是。

当然,在《美国精神病人》里面那个连环杀手的形象就是悲伤,他是一个悲伤的存在者,因为他只能吞食其他的身体,因为他不能对所有这些知觉或由他人开启的世界作出回应。但是如果一个道德化的观察者或读者将这个邪恶之人简单地看作是"邪恶的",看作是人自身无辜生命的对立面,那么这也是悲伤。与道德化的谴责所不同,德勒兹建议我们获取一种产生悲伤的非人力量的充足理念。这意味着不再将邪恶看作是内在于某个人物的东西,而是去识别那些使生命反对其自身的欲望和投注。在《美国精神病人》这部小说里面,我们将连环杀手贝特曼的形象看作是由那些从来就不简单地属于他自身的也不完全区别于我们的形象和投注所构成。他的暴力以及狂热的自我—投注来自一种固化的美国个体的投注。他那健美的体格,他绝望的试图去体验一种高度个体化的强度,他那自我激励的语言都不过是附加于他的性格之上的个人特征,因为这些是影响他性格的非人力量。《美国精神病人》是对一系列投注的诊断或"症候学"。在阅读之中,我们"变成不可感知之物",这不是通过判断人物而是通过体验产生善恶判断的生命的力量而实现的。生成—不可感知之物不是某种可以一蹴而就的事情,它是生成,而非存在。它是自由和感知的挑战:这种挑战是让我们向那流经

我们的生命而敞开,而非预先通过一个善恶的体系将生命客
体化。

生成—动物

生成—不可感知之物是感知的理念(Idea)(极限或无限的
扩展)。假如我们将感知的权力扩展到它的第"n"层,我们就可
以回应所有可能的差异,而达到对差异的这种敏感程度要求我
们不再作为感知的存在者而存在。我们会变得与生命的差异之
流同一。生成—不可感知之物是一种挑战,即在感知世界的时
候不再作为分离的和进行选择的视角,而是通过感知之物并与
其一起生成。有一种思考生成有别于"人"的感知影像的方式,
就是通过生成动物来达到。生成动物并不意味着像动物那样生
成,或者作为动物而存在并且离开人类的领域。生成动物(be-
coming-animal)不等于成为动物(being-animal),因为生成动物
是混杂的。我们的起点不是动物,既非动物亦非人类,而是"僭
越"(transversal)。

德勒兹与加塔利援引了赫尔曼·梅尔维尔(Herman Mel-
ville, 1819—1891)十九世纪的伟大小说《白鲸》(*Moby Dick*)里
面亚哈(Ahab)对鲸鱼的迷恋。亚哈追逐鲸鱼,不是为了任何目
的或意图,也不是为了确证他对鲸鱼的权力。与此相反,生
成—动物是这样一种权力,它不是去征服那有别于其自身的东
西,而是在感知差异之中去转变自身(Deleuze and Guattari
1987:243)。正如小说里面亚哈的行动那样,这不是为了任何外
在的原因或目的;他的行动是被鲸鱼那奇怪的生命所即时地触
发的。鲸鱼以其特异性被亚哈感知:这种特异性不是生命的象
征或隐喻。能够俘获亚哈的只能是这一条鲸鱼;这条鲸鱼被亚

133

哈感知为生命的独特事件,它有其自身变化的权力。因此这部小说就是关于僭越性的生成:既不是"人"(亚哈)的生成也不是自然(即鲸鱼所代表的普遍性生命)的生成。小说表达了两种截然不同的生成,即亚哈的感知迷恋和鲸鱼的活动的躯体。叙事就是由这些事件所构成,而这些事件是通过这些生成以及既不被亚哈也不被鲸鱼所意欲的事件的联合而产生。

对德勒兹来说,僭越性的生成是生命的敞开性的关键所在。生命不是由预设形式所组成的,这些形式简单地演变成它们现在的形态,就像生成可以被归诸某种存在者的生成那样。因为总是存在生成的更多的路线或倾向,比如动物与人类,因此重叠或遭遇总是有可能产生前所未有的新的生成路线,或者"逃逸线"。基因或病毒在一个物种之中产生的方式会在另一个物种之中有差别地变异。某物之所是,取决于它所遭遇的生命。存在者只是它自身多样性地生成的权力而已。我们通过尽可能多样地"变异"或"变化",通过将遭遇最大化来增强我们的生命或权力。我们通过限制我们的生成(通过预设的道德范式或标准)来束缚我们的生命。人类或许也有它自身的生成倾向(比如意识、记忆、写作,等等),但是他也能够扩展他的知觉去遭遇其他的生成,譬如生成—动物。

134　## 解释症

德勒兹与加塔利通过卡夫卡的作品来解释生成—动物,并且用这个理念来反对弗洛伊德。他们将弗洛伊德的精神分析学的某种传统称之为典型的"解释症"(interpretosis):这是一种将生成追溯到某种起源的西方病症。首先,德勒兹与加塔利反对将动物的理念作为一种再现或有待解释的符号。在弗洛伊德的狼人案例之中,他将他的病人对狼的迷恋追溯到其童年记忆。通过一系列的联系,弗洛伊德认为这些记忆关系到一种"原初的场景",在这种场景之中作为一个孩童的病人目睹了他的父母在进行性行为,此时他父亲正从后面"骑"着他母亲。因此孩童将他父亲的形象再现为狼的形象。弗洛伊德将所有的联系追溯到这种童年的创伤,他甚至将狼(wolf)的"W"看作是俯身的女仆的形象,这个女仆反过来又象征了他母亲的性欲位置。这就是弗洛伊德称之为"多元决定"(overdetermination)的东西,在其中不同的感受通过不同的记忆和时间量程(timescales),都导致了一种情结系列,将其归诸一个原初的对父母的想象(parental fantasy)。对于弗洛伊德来说,狼与父母的迷恋是所有人类都必须感觉到的原初异化的能指,是从他们的母系起源中被逐出的东西。

德勒兹认为,在西方的再现机制之中,弗洛伊德的这种"解释症"并不算特别和典型,在这种再现机制之中所有被经验的感受都被解读为某种原初场景的能指。欲望也被解释为欲求丧失了的起源的欲望,因而它通过替代和形象被移置或压抑。与这种消极的形象相比(在这里形象总是被归诸由外因引发的事件),德勒兹与加塔利提倡内在的感受强度。形象自身是欲望的和感受性的,它不是某种被遮蔽的"信仰"或含义。德勒兹与加塔利使用"生成—动物"这个理念来描述欲望与感受的积极性与多样性。孩童对狼的迷恋不是因为狼是对某物的再现,而是因为狼的完全不同的生成模式:狼在夜晚成群地活动、游荡。在这里,欲望导致感受的多样性(狼所做的一切和能做的一切不是与任何单独的狼的性格相联系的,而是与作为集团或"沼泽"的狼群相联系)。这就是欲望,它不是狼之所是或狼所象征的东西,而是狼的行动潜能。同理,最重要的是这种欲望不是匮乏的,狼并不代表那个原初的创伤情景,于其中孩童因为其父亲占有母亲而失去他的母亲。欲望指向狼,这不是欲望引导一种占有或重新获得某种客体,这是一种通过变得有别于自身而扩张或变成一他者的欲望。狼不是某种人性或形象的能指,它是另一种感知或生成的模式。当感知到狼的时候,我们是在别样地感知;不再是以与世界相分离的人类的视角来进行感知。

对德勒兹与加塔利来说,生成—动物因此就不是精神分析学的问题。它提供了一种关于感知和生成的新的思考方式。弗洛伊德将病人的世界看作是可以解释的或"多重编码的"世界,所有的经验都被回溯到一种丧失、创伤或者与生命的母系来源的割裂。人类的生成总是通过俄狄浦斯的戏剧(oedipal drama)视角被解释。弗洛伊德说,人类生命的目的是它的死亡或回到事物更早的状态:一种在所有的欲望和差异之前的想象的状态。德勒兹与加塔利反对这种看法,他们将生成—动物作为欲望的积极性的证据,它通过不是其自身的东西而发生知觉上的变化,而非总是回撤到某种丧失了的、神秘的及其自身本源地统一的形象。当大多数的欲望理论,都想象欲望是被导向去占有那匮乏的或丧失的东西,或者被导向生命之外的时候,德勒兹与加塔利并不让欲望反对生命。对他们来说,生命就是欲望,欲望就是生命通过创造和转变而实现的扩张。因此,生成—动物就不是存在者或拥有。在生成—动物之中,你不能披着猫皮,或者想象人与动物是某种宏大生态系统群落里面平等的一员,认为"我们"都是一样的。让知觉注意动物的原因,不是移情而是异常之物(anomaly)。这种异常之物是非家族性的、非个体性的(或者说是群体的)狼的游荡,是产生狼人的吸引力的东西。

　　生成—动物展示了生成不是一系列导向某种我们希望重复的形象的动作,它是没有外在目的的每一个动作的转变之节点。为了理解这种生成的模式,我们可以回到德勒兹早在《差异与重复》里面就列举的游泳者的例子。假如我要试图通过机械地复制教练的动作去学习游泳,那么当离开水面在陆地上示范这些动作的时候,我永远也学不会游泳的技巧。(当我只是重复地学习贝多芬的奏鸣曲的时候,我能够学会演奏音乐。但是当我只是重复地学习论点之时,我却永远学不会从事哲学事业。)只有在我不再将教练所做的看作是一种自足的运动而看作是一种创造性的回应之时,我才能学会游泳。我不是重复他的手臂动作,我重复的是对水的感觉或者产生他的手臂动作的波浪的感觉。我的手臂需要感觉到水,以游泳者的手臂变化那样进行变化。因为我的身体是不同的(女性的身体),这意味着对男教练游泳方式的忠实重复应该需要稍微与其不同的手臂活动。我必须感觉到善于游泳者是如何去做,而不是这种做法到底是如何进行的。我必须感觉到游泳者是如何做的,而不是严格地复制这些动作。(相似地,以伟大演奏者的方式进行演奏意味着感觉到贝多芬奏鸣曲的核心处那种创造性的力量,而不是重复所有的演奏步骤。)生成的真正力量,不是受限于那业已变成的或已经实现的东西,而是通过感知到在动作之中所表达的潜在力量而受到刺激。

　　因此,生成—动物不是要达到动物的那种状态(动物应有的那种力量或无辜[1]),也不是要变成动物那样。它不是要我们

136

---

[1]　无辜(innocent),是尼采用来描述生命的术语。生命是无辜的。无辜是指超越善恶的伦理学。德勒兹在《尼采与哲学》中对其有更为详细的描述。——译者注

像动物一样活动。生成—动物是一种对动物的活动、知觉和生成的感觉：即想象当我们是狗、甲虫或鼹鼠的时候，我们会如何看待这个世界。

生成—动物与文学

上面的论述将我们带向生成—动物与文学之间的联系。卡夫卡与梅尔维尔的作品已经非常明显地表达了生成—动物这个概念。但这并非仅仅是一个文学的特定类型。生成—动物表达了文学的权力：一种别样地感知的权力，它将感知从它的人类家园中分离开来。值得注意的是德勒兹与加塔利同时将卡夫卡和梅尔维尔作为例子。在《白鲸》里面亚哈对鲸鱼的迷恋之所以是一种生成，是因为亚哈受到鲸鱼那异常的性格所吸引。这条叫作莫比·迪克（Moby Dick）的鲸鱼，是一种真正的生成，它游荡在鲸鱼群之外；它的白色，它的毁灭性的力量以及它与其他鲸鱼的疏离都将任何对鲸鱼为何物的感知复杂化了。在梅尔维尔的小说中，早在亚哈追逐鲸鱼之前，我们早就获悉了鲸鱼的分类学，即一种对鲸鱼种类的耗尽性的研究。但是莫比·迪克与亚哈的迷恋将这些东西呈现为一种不可还原为这种意指和解释的努力的感受。正是鲸鱼的规避性，它对意义和理解的抵抗，使得亚哈脱离了人类的和兴趣导向的征途（作为一种海洋耕作的捕鲸业），让其陷入对这条鲸鱼的无意义的搜寻。

生成—动物是文学呈现知觉和感受的权力，它将这两者从它们在人类兴趣上的固化倾向中解放出来。《白鲸》可以（已经）被解读为一部关于追寻人类意义的小说，因此亚哈想象假如他能够征服莫比·迪克，那么他就可以获得尊严、意义和秩序。（鲸鱼变成了"浮动的能指"，它代表着终极意义或理解。）

德勒兹与加塔利则旗帜鲜明地反对这种明显的解释（或阐释的）方法对文学的解读。他们选择的正是例如卡夫卡和梅尔维尔那样的作者，而这些人一向被文学史解读为产生远不可及的形象或意义符号的作者。与将文学解读为一种对意义和解释的追求所不同，德勒兹与加塔利认为文学表明了它自身是关于感受与强度的。只有反动的文学批评家才会想要将梅尔维尔的鲸鱼和卡夫卡的甲虫解读为某种终极意义的"能指"。将文学解读为一种认知的艺术，解读为关于"我们的"和人类对意义的追求总是有可能的。这种解释或阐释的艺术要求我们"多重编码"文学，将每一个文本都看作是某种潜在意义（这种意义是在"人"对意义的追寻历史与行动之中始终如一的东西）的表达。与此不同，文学也可以被解读为关于它的生产和转变的艺术。与将文学的"动物"解读为象征（它们意味着什么？）所不同，我们可以将动物看作是尽可能地对新的感知类型的敞开。在这种情况下，生成—动物指出了文学、艺术之中的一种倾向，即让知觉向它所不是的东西而敞开。文学不是关于意义的表达，而是对意义的生产，它让新的感知和新的世界成为可能。

阅读德勒兹与加塔利对卡夫卡的论著会有助于我们更清楚地考察这一点。在所有的作者之中，卡夫卡经常被解读为一个消极的作者。（德勒兹与加塔利对文学和哲学的解读却与这种产业化的解读标准相悖。他们认为假如卡夫卡的作品也可以被解读为积极生成的文学，那么所有的文学都可以被肯定地进行阅读。假如文本可以向它之所能而开启，那么为何我们要假定文本背后有某种终极意义？）譬如，卡夫卡的《审判》（*The Trial*, 1925）总是被解读为一则关于法律的寓言。小说中的主要人物从一段旅程到另一段旅程地游荡，但是从未来到过法律跟前。

138

　　如果采取一种消极的和传统的解读方式，我们就可以将法律看作总是隐匿的东西，我们只能产生关于法律的形象和解释，但永远无法抵达法律自身。我们有法律的理念，即超越概念或措施的正义或良善，但是任何再现或表达这种法律的努力都玷污了法律本质的纯粹性。在这种解读之下，我们必然是异化的和内疚的，而卡夫卡的小说正是这种异化的象征，象征着我们丧失了任何意义上在场的或可显现的神或法律。在卡夫卡的伟大故事《变形记》里面，格里高利·萨姆沙醒来后发现自己变成了一只甲虫，这会被解读为一则关于所有有限的人类生命的核心内部中的非人性、异化或移置的象征或寓言。

　　然而，德勒兹与加塔利不是将卡夫卡的作品解读为再现那永远"陌异"（other）或超验的法律的寓言。恰好相反，他们认为，卡夫卡作品之中的游荡是积极的。在这种从一扇门到另一扇门的、穿越空间的或挖掘的或甲虫活动的运动自身之中有一种强度或愉悦。实际上，那些作为运动之目的或原因的"法律"是通过这种运动而产生的。卡夫卡的文本产生了门廊、走廊、动物的运动与形象，在所有这些东西的背后都没有规律或终极目标。规律或含义被揭示为行动的效果，而不是某种终极的目标或驱使行动的源头。只有解释的病症才会强加一种规律在其上面：假如你在门与门之间游荡，那么你就必须寻求某种目标；假如你变成了甲虫，那么你肯定丧失了你的人性。我们可以将卡夫卡的故事《饥饿艺术家》解读为一种屈服的形象，关于一个人为了对自己施加惩罚决定让自己饿死，因为任何的法则都是远不可及的，总是残酷的和任意的。根据德勒兹与加塔利的方式，这种饿死自身的行为可以被解读为变量和实验。德勒兹与加塔利反对将卡夫卡的生成和动物解读为一种永远神秘和陌生的生命的象征,他们将卡夫卡的文学看作是新的强度的生产。甲虫、鼹鼠、饥饿艺术家和城堡并不意指任何事物,它们只是产生感知的新风格。从动物的角度看世界,从一系列并不通向任何地方的路径看世界,或者从一个日渐消亡的身体的角度看世界。对动物的迷恋是一种对被看的世界的迷恋,是观看那不断更新的东西,而不是从一个业已组织化的定见位置来看事物。

生成—女人

在其电影论著和《千高原》之中,德勒兹赋予了生成—女人以一个优先性的地位。根据德勒兹与加塔利,所有的生成都从生成—女人开始,并且都通过生成—女人。这个观点有两个理由。第一个理由与他们认为并不存在生成—男人有关,因为男人在本质上是属于多数主义的。第二个原因与德勒兹与加塔利对精神分析学对性的理解的重新阐释有关。我们首先来分析一下生成—女人的这种观点。

不存在生成—男人,因为男人不是世界中身处其他的存在者之中的一个扩展的存在者。男人是主体:他是所有其他的存在者或生成被决定的那个视角或基础。正是男人这个概念支撑了超验的逻辑。只有通过作为所有经验的中心的某种优先性的存在者,才能存在一个心灵或意识的"内在"生命和由心灵所观照或再现的外部世界之间的严格分界。男人是"多数主义的",这不是因为他在数目上相对其他存在者来说占据多数,而是因为任何存在者都可以通过对人的衡量而被包括在存在者的范围内。譬如,在多元文化主义的理念里面,就经常假设我们应该允许多元的文化差异,因为我们都是人类大家庭的成员。对德勒兹与加塔利来说,法西斯主义并不是一种排斥的逻辑,它的暴力和暴虐恰好在于它的包容性。法西斯主义最明显和最狡诈之处就是人的标准。对传统的种族主义者来说，他者是"非人的"，但是对道德主义者来说，他者是人，是"像我一样的人"。我们都是白人和西方人。我们都是一样的；他者的文化只需要被确认为像"我们的"文化那样即可。

正是人这个概念阻止了我们去思考能动的和肯定的生命差异。正是人这个概念既将我们与表象世界对立起来，也将那些表象贬斥为表象"而已"。德勒兹认为，我们不能将世界看作某种"我们"通过感知而得以认识的东西，而要将其看作一个非人知觉的平面。作为主体的人，总是作为稳定的存在者视角或者同一性，无论如何都必须认知或感知外部世界。即使"人"被解释为历史的或文化的人，即使历史和文化被看作是人的生成，也依然如此。

因此，为了积极地思考生成，我们需要超越人的逻辑来思考。然而，假如我们只是简单地在这个逻辑上衍生一种新的存在者，例如女人，那么我们就会仍然处于同样的主体逻辑之内：这种逻辑假定一种决定生成的基础。思考要超越于人，这要求我们思考他者而非存在者：不是一个有待感知和再现的如其所是的世界，而是一个差异和生成的世界，它没有置于其他视角之上的优先的差异的视角。那迥异于作为存在者的男人（man-as-being）的就是生成—女人。我们不能说存在一个男人的他者。因为这样会掉进截然不同的存在者的逻辑；我们只需要变成他者，生成迥异于存在者的他者，变成迥异于男人的他者：变成—女人。

反俄狄浦斯：批判弗洛伊德

生成—女人具有优先的地位的第一个原因，就是女人是从男人的封闭形象之中开启新道路的;假如存在另一种生成的模式,那么生成就缺乏任何单一的基础或主体。生成—女人的重要性的第二个原因与性欲的非人的和无界限的属性有关。德勒兹与加塔利在性别差异方面提供了一种崭新的和反人道主义的思考;这种对性欲的非人特征的坚持可以回溯到德勒兹的《差异与重复》。在书中,德勒兹一开始对弗洛伊德的性欲概念的转变而致意。弗洛伊德认为性欲就是力比多(libido),即一种通过投注而被组织化的自由漂浮的能量。对弗洛伊德来说,存在某种生命的驱力,比如对食物和温暖的需要,但是当我们欲求那多于生命需要的东西的吮吸,这些就会变成欲望的对象:孩童享受对乳房或乳头的吮吸,不管它是否能够提供滋养。(那就是说,我们不是生来就具有一定的性向的,而是要形成欲望的对象。我们通过发展自己喜爱的欲望通道,形成了我们的性向,而这些欲望是不能被还原为生活的需要的东西。)力比多从一开始就没有任何客体,它只是器官自我保存和削减张力(比如饥饿、口渴和寒冷)的驱力。性欲通过对力比多的组织化和偏移而产生。譬如,当一个孩童的嘴期待母亲的乳房并在其上面重新寻找慰藉的时候,力比多就被组织化了;而当乳房缺席的时候,孩童还在享受"吮吸",那么偏移就发生了。第一个性欲的对象不是提供食物的现实的乳房,而是潜在的想象的乳房,这就是回忆中愉悦的形象。

　　跟随着弗洛伊德的步伐,德勒兹以自由漂浮的欲望或力比多作为出发点:这种自由漂浮不是无定型的或者未分化的东西,而是不受特定客体或其完满性所局限的东西。但是德勒兹也有两个关键地方是与弗洛伊德和精神分析学分道扬镳的。首先,他批判弗洛伊德将欲望个人化,或者说将它减缩为家庭的模式。

141

弗洛伊德对欲望的解释起点是母亲和孩童之间的关系。根据德勒兹,这种固定的"母亲"与"孩童"关系只有在欲望已经被组织化或社会化之后才会形成。譬如,我们需要现代的家庭概念将母亲—孩童关系思考为生命的第一种联系;从部落、到氏族再到现代原子单元式的家庭,只有经历很长的这样一段历史,我们才能拥有母亲—父亲这样的家庭形象。母亲—孩童二元组合并非欲望的起点,因为欲望从一开始就是集体性的。从部落的身体集合发展到现代的单独身体这段历史里面,个体的或单独的孩童则是其顶点。对德勒兹来说,欲望不是开始于两个人之间的联系,例如母亲与孩童的关系,父亲后来介入了这种关系。欲望从一开始就是非人的和集体性的,通过投注的多样性,欲望在人与人之间僭越。身体—部件在个人形成之前就已经是投注的对象。嘴寻求乳房,但是这个乳房不是母亲的能指。更进一步说,早在对个人器官的投注之前(比如将接触乳房联系到"母亲"),就存在着集体性的投注:是部落提升了大地的乳房或"子宫"。当母亲的形象出现之时,她已经是所有这些历史的和政治的投注的一种浓缩。我们不但需要考察现代广告,以便考察母性是如何仍然通过自然形象而被投注的,我们甚至还可以考察麦当娜或地球女神的宗教共鸣的形象,来考察母性形象的投注。对德勒兹来说,欲望不能被减缩为人与人之间的性关系。恰好相反,"个人"是通过欲望的组织化而形成的。我通过与其他身体之间的联系变成身体,最终投注在作为一个封闭自我的自身形象之中。

德勒兹的欲望理论反对精神分析学和常识,其最重要的挑战就是认为生命和欲望的理念不是源自封闭的有机体。存在生命之流或基因的素材,即"强度的萌芽汇流"(intense germinal influx），它流经身体、穿越身体。生命的原初的和差异的权力不是对身体进行组织化；身体通过投注或通过生成那积极的和持续的相互作用而形成。然而，我确实认为我自己是一个由死亡作为界限、封闭的和自动的存在者：但这是因为很长历史以来，我们已经在组织化的和封闭的人类个体之中进行投注。对德勒兹与加塔利来说，弗洛伊德精神分析学的问题是，它通过封闭的个体或自我开始它的分析，而非在政治上和社会学上解释自我的出现。对弗洛伊德来说，对于所有有机体而言，生命的目的是回到它们原初的死寂状态，这种状态先于任何欲望的骚动。对德勒兹来说，生命却没有原初的封闭状态。生命并不起源于封闭的有机体，而是起源于生命的流动。

这将我们带到性欲和生成—女人概念的第二个转变。不仅欲望是前个人的，是开端于身体—部件之间的相互连接；欲望也是前—人类的。生命正如我们前面所说，是欲望之流。作为将其自身认知为主体的外延的身体，人类必须压抑欲望的流动或者综合流经他们的欲望。我们压抑，不是因为客体否定我们；我们压抑，不是因为我们必须放弃母亲的身体。我们压抑是因为生命的过剩；我们总是多于我们所认同的那个封闭的自我形象。生命的力量超出我们感知到的简单的现实化的身体；我们压抑这种过剩、暴力和生命的骚动，这些都是僭越不同个人或意向的边界的创造性的力量。我们倾向于将性欲看作某种"我们"所做的事情，看作人与人之间的关系。对德勒兹来说，人类的身体是性欲生成的效应，是载体而非生命的能动力。为了认同于其父亲的社会形象，孩童必须压抑他对母亲的欲望，我们所拥有的这种形象则压抑了更为激进的和革命性的欲望和性欲。为了将欲望解释为最初是孩童对母亲（不可能的/被禁止的）的欲望，这产生了一种男人的形象,他能够对他的性欲进行溯源和解释。性欲、欲望和生成被解释为人类的东西:作为人及其生理学上的起源的联系。德勒兹反对这种来自身体的欲望解释,他将欲望描述为产生身体并且超出身体的欲望。欲望是自由的流动,是创造性的差异与生成。(因此德勒兹也反对任何类如"自私基因"这样的理论,他认为基因努力祈求保持生存,而不会理会我们的意图;因为不存在变异"目的"或"目标"。基因不是"自私的"而是极端的变量,是仅仅为了变而存在的变量。生命的驱力是差异,而非自私。)

对德勒兹与加塔利来说,真正的政治需要思考性欲的流动、生成和反俄狄浦斯的差异:它反对那种认为孩童压抑其对母亲的欲望和变得跟其父亲一样的想法。反俄狄浦斯的欲望是"孤儿":它没有本源的身份认同或家园。德勒兹与加塔利认为,西方思想建立在乱伦禁忌的基础上,建立在我们为了变成社会的和人性的人而必须放弃我们对母亲的欲望的理念基础之上。因此,女人被生产为一种不可能的、缺失的和禁忌的源头,被生产为欲要实现人类历史开端就必须被压抑和排除的事物。德勒兹与加塔利因此将生成—女人看作是对新的欲望理解的开端,它不是开端于对原初客体的缺失或压抑。欲望是连接、生产和更为复杂的差异化之流。它是压抑这种激进欲望的乱伦的"故事",告诉我们自身真正想要的东西。通过禁止乱伦,社会将母亲生产为一种被否认的客体,创造了一种有别于生命的法则;它让生命的权力反对生命。政治开端于不同于女人的"男人"的形象,为了文化的目标他能够放弃生理学上的生命。"男人"因此是通过对女人的压抑和禁忌而产生的。禁忌产生了法则和由这种法则所调节的身体。法则在开端之处就带着力量和惩罚,身体是这种残酷的法则的效应。

对德勒兹与加塔利来说，激进的政治开端于并非男人欲望的欲望，它不会假设封闭的人类身体为基本的政治单元。与此不同，通过艺术与文学，我们可以考察所有这些将"人"生产为组织政治生活的超验身体和价值的投注和形象。思考超越女人禁忌的欲望，思考一种僭越人类身体的欲望，这意味着思考女人的生成不是作为一种性别，而是作为面向"一千种微型性别"的开启。生成—女人因此是对欲望的开启，它是前个人的、反俄狄浦斯的和直接就是革命性的事情。它不是一种通过男人的故事或人类历史来解释的欲望。它是一种有别于男人和他对生命的否定的激进的欲望。欲望已然通过"男人"的形象被压抑，在这种形象中欲望本质上是被禁止的东西。因此德勒兹与加塔利也将生成—女人联系到文学的冲动。

生成—女人与文学

在神话和文学方面，德勒兹与加塔利颠覆了弗洛伊德的（和解释性的）用法。弗洛伊德将古希腊悲剧《俄狄浦斯王》（*Oedipus*）解读为潜在的人类戏剧的一个符号。俄狄浦斯被描述为不知情地杀死他的父亲并与其母亲成婚；根据弗洛伊德的说法，这出戏剧非常有力，因为它再现了一种普遍性的人类欲望。接着弗洛伊德将所有梦、幻想和其他文学行为都看作是这个神话的不同版本。对弗洛伊德来说，无意识正是以不断变化的形式对这个故事的重新讲述。因此，无意识以一种人的、无时间的"戏剧"方式进行运作，它在我们内部不断地重演俄狄浦斯的戏剧。对德勒兹与加塔利来说，无意识远非神话的和再现的或某种有待解释的东西，它是社会的、政治的和具有生产性的东

144

西。(无意识不是"我的"欲望,而是"我"从中得以被影响的投注和能量的历史和政治。)无意识产生了各种怪诞的连接、投注和形象,比如狼人对狼的迷恋,孩童对机器的强烈兴趣,艺术家对色彩的执着,或者瘾君子对致幻剂的依赖。精神分析学家将这些生产和连接解码为人类的俄狄浦斯戏剧的能指。狼变成了父亲,致幻剂弥补了欲望的缺失,孩童的玩具则成为母亲身体的替代物。对德勒兹与加塔利来说,弗洛伊德的错误在于将俄狄浦斯戏剧看作为对欲望形象的再现而非创造。这出希腊戏剧在对母亲(王后伊俄卡斯忒)的欲望和父亲的死亡之间产生了一个联系;母亲—父亲的形象在这出戏剧中直接就是政治的:国王与王后。这出悲剧不是无时间的现代家庭的形象;而家庭却是从这个戏剧和投注的历史之中产生出来的。

当认为无意识的属性是政治的而非个人的时候,德勒兹与加塔利追随的是尼采,而不是弗洛伊德。他们承认,像这出希腊戏剧这样的事件也许产生了投注,比如被欲望的王后同时也是俄狄浦斯的母亲这样的形象。但是俄狄浦斯不是一出关于人类家庭的戏剧,它是关于特定的王和政治权力的。"父亲"的现代概念是从这些集体性的和政治的投注之中发展而来的;对德勒兹来说,现代的父亲是在男性政治领袖的投注形象之中剥离出来的形象。早在个人的和私密的"男人"或"父亲"形象出现之前,社会机器(通过例如希腊悲剧这样的事件)就已经投注了王、暴君、银行家、警察或法西斯主义者的形象。"男人"通过社会角色而被生产出来,这种社会投注必须在集体性的景观中被创造出来:从古代严刑拷打的仪式,到现代电影和流行文学之中被创造出来。这意味着文学是生产性的,而不是再现性的。文学有权力去运用欲望,去创造新的前个人的投注,让思想和感受拓展到人类之外。文学是生成的权力,它超越任何已然给定的

"思想的形象"或者任何艺术的规律。通过文学而生成—女人，或者对俄狄浦斯的男人的消解，是对政治和未来的敞开。通过"人与人之间"的关系与非人感受和强度的生产，文学转变了政治的空间。人类不再是我们从中得以交流的认知的场所；人类是交流或"前个人的独特性"通过生成的平面而传递的效应。因此，文学不是隐藏和再现无意识和无时间的戏剧的载体。文学产生了新的戏剧与强度。文学不能被还原为关于人的故事和解释，它总是拥有超越人的权力：生成—女人。

小　结

我们经常将生成思考为某种存在者所做的或经历的事情。德勒兹颠倒了这种关系。先有生成，例如动作、知觉、变量等，从这种生成之流之中，我们才感知到存在者或将其组织化。我们也倾向于将对生成和动作的思考归诸某种目的或目标，从而我们可以像"人"那样或根据道德的要求而变化和行动。德勒兹认为，真正的生成并没有外在其自身的目的。所以，生成—动物并不意味着为了变得非人或像动物那样而去行动；它意味着以非人的(动物的)方式但却不带着任何预设的目的或目标意识去改变或变化。从传统上来说，"人"总是再现生命的目的或目标，比如我们的行动总是为了实现人性。与其相反，德勒兹坚持认为我们对行动和生成自身进行的价值评估应该从任何人类标准或目的之中解放出来。这就是为何生成以生成—女人为开端，即生成不同于男人的他者。最后，文学可以被看作生成—女人，因为在文学之中我们不再将语言看作某种潜藏的人类标准的再现，而是将其看作对新的感知类型和生成的创造和探索。

德勒兹的哲学主要影响了三个领域：电影理论、政治理论和女性主义理论。在《电影身体》(*Cinematic Body*,1993)之中电影理论家斯蒂芬·沙维罗(Steven Shaviro)使用德勒兹的电影论著来提倡一种对待电影的直接感受性的方式。这不是将看电影看作分离的观影者对意义或叙事的解释。沙维罗认为电影对于眼睛非常具有精神分析学的和内在的效应。电影的内容既不是认知的也不是再现的，所以视觉不是某种潜在意义的符号。（设想一下电影里面的强光或剪辑的情况，比如在《银翼天使》[*Bladerunner*]这部电影里面，这些情况不是对现实的再现而是产生仿真和非现实的效应。）电影通过直接的感受而运作，它干扰观影者的身份认同："感知变成了意识。它既不是自然积极的也不是自由接受的，而是激进被动的，是暴力刺穿眼睛所带来的痛苦"(Shaviro,1993;51)。D. N. 罗多维克(D. N. Rodowick)已经写出了关于德勒兹的时间和电影方面的相当繁复的著作，他着眼于"时间—影像"这个概念和电影中"非理性剪辑"对于眼睛的综合权力所带来的挑战（Rodowick 1997）。或许德勒兹的视觉理论中最为激进的一面就是他的感受这个概念，它不是我们所看到的东西而是关系到影像自身的权力。布莱恩·马苏米（Brian Massumi）已经将这个理念延伸到德勒兹之外，去考察影像所能够在主体之外发挥影响的方式。他援引了前美国总统罗纳德·里根（Ronald Reagan）的电视影像，在这个影像中空洞的和颤抖的声音及体格并不传达信息或含义，而是安抚观影者的身体及反应让其不再进行反对（Massumi 1996）。马苏米将德勒兹对影像的方式拓展到了德勒兹之外，探索了政治的运作，及其赖以运作的产生权力的感受与感受的权力的各种方式。马苏米最近的作品是《思想的震撼》（*A Shock to Thought*），这不是一本论述德勒兹和政治的著作，而是一本论述德勒兹之后的政治的著作（Massumi 2001）。

在政治理论方面而言，德勒兹的著作被用来批判国家的概念。如前文提到，对德勒兹来说，思想的幻觉是超验性；我们行动、思考和想象，但后来却又受我们自己通过行动而创造的形式的束缚。激进的思想需要从那看上去从外部主宰着思想的法则和标准中解放出来。对于电影和文学来说，这意味着我们需要将作品看作意义的创造，而非看作某种预设的"信息"的表达。对于政治理论而言，这意味着将阶级、国家和身份认同看作是积极的和持续创造的效果，而非看作我们应该去实现或遵守的标准和法则。迈克尔·哈特（Michael Hardt）也写一本关于德勒兹的哲学的书（Hardt 1993）。他已经跟意大利哲学家安东尼奥·内格里（Antonio Negri，他也写了一些关于加塔利的作品）组成了搭档，形成了新的政治实践理论（Hardt and Negri 1994）。在这里，他们认为我们不应该将政治看作是固定机构或建制的权力(譬如国家或阶级)之间的联系,我们应该将政治看作是实践中的活的劳动,看作是通过工作和社会联系而构成自身的东西。国家不是某种我们需要去强加于我们生活之上以规范我们行为的法则,我们应该将政治看作是超越于国家形式的东西。政治应该是通过集体劳动和行动而持续创造的行为。不存在预设的单元或标准,无论国家、人类还是"工人"都不应该作为实践的某种基础。在德勒兹与政治理论中,澳大利亚哲学家保罗·帕顿(Paul Patton)进行了一个相关的但显著的延伸,他认为德勒兹的哲学能够为政治提供一种积极的方法。帕顿使用"少数主义"这个概念来批判殖民主义的权力模式。土著人口(例如加拿大和澳大利亚的土著人口)应该通过主流白人所拥有的财产标准来考察,但不应该被纳入到这种财产标准之中去。他们对土地和身份认同的呼吁不是要求确认某种预先存在的本质或群体。正是在呼吁和表达他们与土地的新联系的政治行为之中,这些群体既打破了主流的标准也开启了新的未来(Patton 2000)。帕顿所谓"社会想象的生成—土著"之中,新的政治学概念可以通过与先前被排斥的各种文化的遭遇而创造出来(Patton 2000:126)。哈特与内格里还有帕顿的著作是特别针对德勒兹通过对斯宾诺莎的政治学的重读而作出的拓展。在伦理学和政治学方面,德勒兹坚持斯宾诺莎的内在性,因此社会标准和法则应该被看作是活跃的诸众(multitude)的积极创造。正如德勒兹重读斯宾诺莎的著作是为了提倡一种内在性的和创造性的哲学,所以两个女性主义哲学家也重读斯宾诺莎(部分地经由德勒兹重读斯宾诺莎),是为了提倡想象在性别政治中的中心作用。人的身份认同不是一个人拥有的东西,而是通过我们对他人以及政治的整体的感知而形成的。既存在能动的想象

149

力,譬如,我想象一个能够创造和肯定差异的政治整体或文化;也存在反动的想象力,譬如,白人男性的身体理性变成了政治体的标准。这种对政治创造的强调已经在莫伊拉·加登斯(Moira Gatens)和日内薇薇·利洛德(Genevieve Lloyd)的著作中得到艺术的探索,这本新近论述斯宾诺莎的书强调想象在政治方面的输出,它追随德勒兹对哲学传统的肯定性阅读(Gatens and Lloyd 1999)。

女性主义理论也运用德勒兹的著作去挑战那种认为政治需要诉诸身份认同来批判主导的秩序的想法。在早期,德勒兹被批判将性别差异消解为非人之流,但是这些批判德勒兹的女性主义者现在和德勒兹站在同一条战线上了。罗斯·布拉多蒂(Rosi Braidotti)提倡"游牧主体":即通过多样的行动和干预而形成多样性的身份认同的身体。将一个人指认为女人、白人、中产阶级,等等,并不是对其存在的质疑,这些只是与政治差异的其他身体和其他事件相遭遇的结果而已(Braidotti 1994)。对伊丽莎白·格罗兹(Elizabeth Grosz)来说,德勒兹的著作提供了一种将身体重新思考为超越男人—女人二元对立模式的方法。格罗兹认为,身体的边界或轮廓,是通过其与具有延展性的外部相联系而产生的。在与世界和他者的联系之中,身体的内部和外部边界不是一蹴而就地被给予,而是一个持续地生产和创造的过程(Grosz 1994)。

150　　　德勒兹论文学的著作(他论述普鲁斯特、萨克-马索克和卡夫卡的作品,以及他经常援引的文学作品),在关于德勒兹的作品中经常被提及。但是德勒兹之于文学研究的影响仍然不及他论述电影、政治和女性主义理论那样的强度。关于德勒兹与特定作家的关系方面,已经有两本书的研究:尤格妮·何兰德

（Eugene Holland）的《波德莱尔与精神分裂分析》（*Baudelaire and Schizoanalysis*，1993）和约翰·休赫斯（John Hughes）的《逃逸线：与德勒兹一起阅读哈代、吉辛、康拉德和伍尔夫》（*Lines of Flight：Reading Deleuze with Hardy，Gissing，Conrad，Woolf*，1997）。虽然尚未存在一种文学批评的"德勒兹式"运动：还没有可以和雅克·德里达的解构的创造，米歇尔·福柯在新历史主义方面的影响或弗洛伊德的精神分析学相提并论的文学批评运动。但关于什么是"德勒兹式"的文学批评仍然是一个开放的问题。在《萌芽的生命》（*Germinal Life*，1999）之中，凯斯·安瑟尔-皮尔森（Keith Ansell-Pearson）运用德勒兹的著作去重读托马斯·哈代（Thomas Hardy）和 D. H. 劳伦斯（D. H. Lawrence）。安瑟尔-皮尔森引用了德勒兹关于生命和创造的观点，并在这些小说之中找到这些主题。安瑟尔-皮尔森并不提供一种文学理论，而是将文学视为德勒兹自己对达尔文和柏格森（Bergson）的阅读的表达：这些小说描述了一种通过身体而流动并且流经身体的生命，"奢侈的生命在进化的过程中总是超出自我保存的努力"（Ansell-Pearson 1999：192）。在《德勒兹主义》（*Deleuzism*，2000）之中，伊恩·布坎南（Ian Buchana）尝试去提供一种德勒兹式的解读方法，而不是仅仅将文学看作是德勒兹自己信念的表达。对于布坎南来说，在文学理论方面采纳德勒兹意味着严肃地对待德勒兹的潜在这个概念。存在现成的文学文本（例如赫尔曼·梅尔维尔的小说），也存在产生了这些文本的潜在力量或权力。根据布坎南的说法，"元批评"（metacommentary）并不将文本置于历史语境（例如将莎士比亚看作"文艺复兴"时代的作者）之中，但它确实试图从文本显现的角度去考察社会的和政治的变迁和问题（Buchanan 2000）。布坎南与约翰·马克斯（John Marks）在 2000 年也编写了一卷关于德勒兹与文学方面的文集，里面展示了研究德勒兹与文学的多种可能性的方法。

　　德勒兹式的批评方兴未艾。或许，开始将德勒兹的方法应用到文学研究上的最好方式，就是考察他自己所做的：他将普鲁斯特看作由符号的问题所驱动的方式（或我们如何超越现实世界去考察世界和他人所能够开启的东西）。在德勒兹的《批评与临床》（*Essays: Critical and Clinical*, 1997）之中，我们也可以考察德勒兹对劳伦斯，梅尔维尔和其他作家的运用，这些作家使语言变得"结巴"，以便从文学的权力之中产生出新的现实化。总而言之，"德勒兹主义"的挑战不是去重复德勒兹所说的东西，而是去将文学看作对新的言说方式和观看方式的生产。

进阶阅读书目

　　德勒兹的大多数著作都已经出版。或许,对于文学研究的学生来说,刚开始阅读德勒兹,最好就是读他论述普鲁斯特的著作《普鲁斯特与符号》(*Proust and Signs*),这本书也介绍了很多德勒兹的重要哲学主题,比如时间、潜在和生成。此后,就更容易处理德勒兹论述文学的文集《批评与临床》(*Essays:Critical and Clinical*),以及德勒兹与加塔利论述卡夫卡的著作《卡夫卡:走向一种少数文学》(*Kafka:Towards a Minor Literature*)。德勒兹早期论述哲学家的著作,尤其是他论述休谟的著作《经验主义与主体性》(*Empiricism and Subjectivity*)也是非常清晰的,很少充斥着德勒兹自己后期作品里面那繁复多样的术语。德勒兹的主要著作是《差异与重复》(*Difference and Repetition*),但这是一部百科全书式的著作,它涵盖了很多的作者、主体和术语。它不是一页页地解读一本书,而是用单独一章(比如第三章"思想的形象")提供了德勒兹的一些关键主题,即将思想看作是创造而非再现。这种阅读方法也可以应用到他与加塔利合写的其他主要作品之中，比如《反俄狄浦斯》(*Anti-Oedipus*) 和《千高原》(*A Thousand Plateaus*)。这两本书都涵盖了大量的观点和素材，因此最好决定先阅读其中一个单独的部分或高原。《反俄狄浦斯》的第四部分"精神分裂分析引论"和《千高原》之中论述生成—女人的第十个高原可以作为优先阅读的章节。假如说在高度浓缩的《差异与重复》之外，还有一本书提供了关于德勒兹思想的总览，那就是他与加塔利的晚期著作《什么是哲学?》(*What is Philosophy?*)。在这本书里面，德勒兹与加塔利针对艺术、哲学和科学提供了一种宽泛的定义，也对当前文化和思想中"交流的"或市场导向的方式提供了批判。

德勒兹的著作

Deleuze, G. (1973) *Proust and Signs*, trans. R. Howard, London: Allen Lane/Penguin.

《普鲁斯特与符号》(*Proust and Signs*)：这本书用法国哲学家昂利·柏格森的时间哲学来研究法国小说家马塞尔·普鲁斯特。该书 1964 年在法国出版。

Deleuze, G. (1981) *Francis Bacon*：*Logique de la Sensation*, Paris: Editions de la Différence.

《弗兰西斯·培根》(*Francis Bacon*：*Logique de la Sensation*)：德勒兹尚未翻译为英语的少数几本著作之一[1]。这本书研究二十世纪艺术家弗兰西斯·培根。

Deleuze, G. (1983) *Nietzsche and Philosophy*, trans. H. Tomlinson,

---

1　该书实际上已经在 2003 年由丹尼尔·W. 史密斯(Daniel W. Smith)翻译出版，但在本书写成之时尚未完成翻译出版。——译者注

London: Athlone.

《尼采与哲学》（*Nietzsche and Philosophy*）：在这本书里面，德勒兹对尼采进行了一种反人道主义的阅读，他强调了永恒回归的原则：生命是差异那周而复始的肯定，它没有奠基性的起源或外在的原则。

Deleuze, G. (1984) *Kant's Critical Philosophy：The Doctrine of the Faculties*, trans. H. Tomlinson and B. Habberjam, London: Athlone.

《康德的批判哲学：功能的原则》（*Kant's Critical Philosophy：The Doctrine of the Faculties*）：德勒兹不同寻常地解读了这位启蒙哲学家，展示了康德的统一的主体理论里面实际上暗含着冲突的和偶然的主体。

Deleuze, G. (1986) *Cinema 1：The Movement-Image*, trans. H. Tomlinson and B. Habberjam, Minneapolis: University of Minnesota Press.

《电影1：运动—影像》（*Cinema 1：The Movement-Image*）：这本书通过早期电影探索了运动的理论。

Deleuze, G. (1987) *Dialogues with Claire Parnet*, trans. H. Tomlinson and B. Habberjam, London: Athlone Press.

《与克莱尔·帕内特的对话》（*Dialogues with Claire Parnet*）：正如标题所示，这是一系列清晰的和可读性强的对话。

Deleuze, G. (1998a) *Spinoza：Practical Philosophy*, trans. R. Hurley, San Francisco: City Lights Books.

《斯宾诺莎的实践哲学》（*Spinoza：Practical Philosophy*）：这本书比《哲学里的表现主义》（*Expressionism in Philosophy*）更短，更有利于理解斯宾诺莎。

Deleuze, G. (1988b) *Foucault*, trans. S. Hand, London: Athlone Press.

《福柯》（*Foucault*）：德勒兹对其同代人米歇尔·福柯的一种晦涩的研究。值得注意的是两人之间的区别，德勒兹在他自己对内在性和一元论的强调中采取了一元论，而福柯则保持了二元论。

Deleuze, G. (1988c) *Bergsonism*, trans. C. Boundas, New York: Zone.

《柏格森主义》（*Bergsonism*）：很多评论者认为，柏格森与尼采一样，都是德勒兹最重要的先驱。德勒兹在这本研究柏格森的书中，表达了差异和潜在的重要性。

Deleuze, G. (1989) *Cinema 2：The Time-Image*, trans. H. Tomlinson and R. Galeta, Minneapolis: University of Minnesota Press.

《电影 2：时间—影像》（*Cinema 2：The Time-Image*）：这本书探索了柏格森的时间哲学、现代电影和哲学的整体问题，是德勒兹最重要的著作之一。该书以运动—影像过渡到时间之前的理论总览作为开端。

Deleuze, G. (1990) *The Logic of Sense*, trans. M. Lester, ed. C.V. Boundas, New York: Columbia University Press.

《意义的逻辑》（*The Logic of Sense*）：这是一部涵盖很广和晦涩的著作，从古希腊的斯多葛学派一直讨论到路易斯·卡罗（Lewis Carroll）的非意义文学。它研究的是含义或意义的问题。

Deleuze, G. (1991) *Empiricism and Subjectivity：An Essay on Hume's Theory of Human Nature*, trans. Constantin V. Boundas, New York: Columbia University Press.

《经验主义与主体性》（*Empiricism and Subjectivity*）：德勒兹的第一本书，该书也是关于苏格兰启蒙哲学家大卫·休谟的一种非常清晰的研究。

Deleuze, G. (1992) *Expressionism in Philosophy*, trans. M. Joughin, New York: Zone Books.

《哲学中的表现主义》（*Expressionism in Philosophy*）：德勒兹通过内在性这个关键的概念重读了斯宾诺莎，得出了一个关于斯宾诺莎和莱布尼茨之间的关系的结论。

Deleuze, G. (1993) *The Fold*：*Leibniz and Baroque*, trans. T. Conley, London: Athlone.

《褶子：莱布尼茨与巴洛克》（*The Fold*：*Leibniz and the Baroque*）：这是一部晦涩的著作，它解读了哲学家莱布尼茨，并且对当代音乐和数学有着洞见。

Deleuze, G. (1994) *Difference and Repetition*, trans. P. Patton, New York: Columbia University Press.

《差异与重复》（*Difference and Repetition*）：这可能是德勒兹最重要的著作，因为它直面了差异的问题以及差异的概念。然而，它需要比较熟悉德勒兹对哲学、数学和遗传学方面的介入才易读。

Deleuze, G. (1995) *Negotiations 1972—1990*, trans. Martin Joughin, New York: Columbia University Press.

《哲学与权力的谈判——1972—1990》（*Negotiations 1972—1990*）：这是一系列短文和访谈，有些部分相当具有可读性。

Deleuze, G. (1997) *Essays*：*Critical and Clinical*, trans. D.W. Smith and M. A. Greco, Minneapolis: University of Minnesota Press.

《批评与临床》（*Essays*：*Critical and Clinical*）：这是一个关于文学和风格问题的相当发人深省并具有可读性的文集。翻译者丹尼尔·史密斯（Daniel Smith）所写的译者导读相当清晰并为读者提供了大量信息。

德勒兹与加塔利的著作

Deleuze, G. and Guattari, F. (1983) *Anti-Oedipus*：*Capitalism and Schizophrenia*, trans. Robert Hurley, Mark Seem and Helen R. Lane, Minneapolis: University of Minnesota Press.

《反俄狄浦斯：资本主义与精神分裂》(*Anti-Oedipus*：*Capitalism and Schizophrenia*)：迄今为止德勒兹最知名和最有影响力的著作。这本书对传统的精神分析学及其治疗产业进行了攻击，它提倡一种激进的欲望政治学。

Deleuze, G. and Guattari, F. (1986) *Kafka*：*Towards a Minor Literature*, trans. D. Polan, Minneapolis: University of Minnesota Press.

《卡夫卡：走向一种少数文学》(*Kafka*：*Towards a Minor Literature*)：这本书是对捷克作家弗朗茨·卡夫卡的研究，它探索了政治、欲望和文学之间关系的广泛问题。

Deleuze, G. and Guattari, F. (1987) *A Thousand Plateaus*：*Capitalism and Schizophrenia*, trans. B. Massumi, Minneapolis: University of Minnesota Press.

《千高原：资本主义与精神分裂》(*A Thousand Plateaus*：*Capitalism and Schizophrenia*)：这本书比第一卷《反俄狄浦斯》更加非传统。该书由"高原"而非章节所组成，在这里不同的风格、声音和学科交织形成了一个"根茎"(一系列没有中心或基础的生产性的链接)。

Deleuze, G. and Guattari, F. (1994) *What is Philosophy*？ Trans. H. Tomlinson and G. Burchill, London: Verso.

《什么是哲学?》(*What is Philosophy*？)：这本书几乎以一种宣言的形式写成，它强调了艺术、哲学和科学之间的差异，强调了思想那具有生产性的权力。

关于德勒兹的著作

一些关于德勒兹的重要著作尚未翻译为英语,还有大量关于德勒兹的专门论文。下面这个列表包括了用英语写成的大多数书本篇幅的研究论著。这些书大多数都在相对高阶的层次上研究德勒兹,所以最好是先对德勒兹自己的作品进行了更多的阅读之后再转向阅读这些二手读物。然而,一旦广泛地阅读了德勒兹的著作,这些更高层次的评论和批评也就更显得有用了。

Ansell Pearson, K. (ed.) (1997) *Deleuze and Philosophy*: *The Difference Engineer*, London: Routledge.

《德勒兹与哲学:差异的工程师》(*Deleuze and Philosophy*: *The Difference Engineer*):这本文集强调了德勒兹是一个哲学家。

Ansell Pearson, K (1999) *Germinal Life*: *The Difference and Repetition of Deleuze*, London: Routledge.

《萌芽的生命:德勒兹的差异与重复》(*Germinal Life*: *The Difference and Repetition of Deleuze*):这本书通过柏格森和进化论来解读了德勒兹。

Badiou, A. (2000) *Deleuze*: *The Clamor of Being*, trans. Louise Burchill, Minneapolis: University of Minnesota Press.

《德勒兹:存在的喧嚣》(*Deleuze*: *The Clamor of Being*):法国哲学家阿兰·巴丢着眼于单义性的问题,区别了他的哲学与德勒兹的哲学的不同之处。

Bogue. R. (1989) *Deleuze and Guattari*, London: Routledge.

《德勒兹与加塔利》(*Deleuze and Guattari*):这本书对德勒兹与加塔利的著作提供了一个总览,但是由于该书写成的时候他们还没有逝世,所以并没有包括全他们的所有著作。

Brusseau, J. (1998) *Isolated Experences：Gilles Deleuze and the Solitudes of Reversed Platonism*, Albany: State University of New York Press.

《孤独的经验：吉尔·德勒兹与颠倒的柏拉图主义的孤独》(*Isolated Experiences：Gilles Deleuze and the Solitudes of Reversed Platonism*)：这本书对德勒兹颠覆柏拉图主义的姿态进行了哲学上娴熟的拓展。该书有一些部分涉及文学，比如涉及 F. 司各特·菲茨杰拉德(F. Scott Fitzgerald)和斯蒂夫·埃里克森(Steve Erickson)的作品。

Bryden, M (2001) *Deleuze and Religion*, Lodon: Routledge.

《德勒兹与宗教》(*Deleuze and Religion*)：这本书考察了德勒兹与神学问题的关系。

Buchanan. I. (ed.) (1997) *A Deleuzian Century？* Special issue of *The South Atlantic Quaterly* (96:3)

《德勒兹的世纪?》(*A Deleuze Century？*)：这是一本收录了各种观念的文集，涵盖文学、女性主义和文化研究。

Buchanan, I. (2000) *Deleuzism：A Metacommentary*, Durham: Duke University Press.

《德勒兹主义：一种元批评》(*Deleuzism：A Metacommentary*)：如题所示，这本书不是一个导读，而是试图通过德勒兹论述文化、政治、文学和电影方面的著作去思考其蕴含价值。

Buchanan, I. and Colebrook, C. (2000) *Deleuze and Feminist Theory*, Edinburgh: Edinburgh University Press.

《德勒兹与女性主义理论》(*Deleuze and Feminist Theory*)：这本文集收录了许多作者关于德勒兹和女性主义及电影、文学、文化、政治和未来问题的文章。

Buchanan, I. and Marks, J. (2001) *Deleuze and Literature*, Edinburgh: Edinburgh University Press.

《德勒兹与文学》(*Deleuze and Literature*)：这本由多个作者的文章组成的文集,特别地关注了文学的问题。

Boundas, C.V. and Olkowski, D. (eds.) (1994) *Deleuze and the Theater of Philosophy*, New York: Routledge.

《德勒兹与哲学的戏剧》(*Deleuze and the Theater of Philosophy*)：这本文集收录了大量作者的作品。

Goodchild, P. (1994) *Gilles Deleuze and the Question of Philosophy*, London: Associated University Press.

《吉尔·德勒兹与哲学的问题》(*Gilles Deleuze and the Question of Philosophy*)：这本书对德勒兹的哲学提供了一个总览。

Goodchild, P. (1996) *Deleuze and Guattari*：*An Introduction to the Politics of Desire*, London: Sage.

《德勒兹与加塔利:欲望政治学导读》(*Deleuze and Guattari*：*An Introduction to the Politics of Desire*)：这本书提供了一个清晰的导读,它列举了一些很好的政治问题和主题作为例子。

Hardt. M. (1993) *Gilles Deleuze*：*An Apprenticeship in Philosophy*, London: UCL Press.

《吉尔·德勒兹:哲学的学徒》(*Gilles Deleuze*：*An Apprenticeship in Philosophy*)：针对德勒兹对昂利·柏格森和巴鲁赫·德·斯宾诺莎及其对政治的重要性问题的重读,这本书进行了一些发人深省的和具有原创性的评论。

Holland, E. W. (1993) *Baudelaire and Schizoanalysis*：*the Sociopoetics of Modernism*, Cambridge: Cambridge University Press.

《波德莱尔与精神分裂分析:现代主义的社会诗学》

（*Baudelaire and Schizoanalysis*：*the Sociopoetics of Modernism*）：这本书通过《反俄狄浦斯》而非德勒兹的整体著作，对法国诗人波德莱尔进行了解读。

Holland, E. W. (1999) *Deleuze and Guattari's Anti-Oedipus*：*An Introduction to Schizoanalysis*, London: Routledge.

《德勒兹与加塔利的〈反俄狄浦斯〉：精神分裂分析导论》（*Deleuze and Guattari's Anti-Oedipus*：*An Introduction to Schizoanalysis*）：这本书专门研究《反俄狄浦斯》，对它在卡尔·马克思和乔治·巴塔耶思想的运用方面提供了清楚的解释。

Kaufman, E. and Heller, K. J. (eds) (1998) *Deleuze and Guattari*：*New Mapping in Politics*, *Philosophy and Culture*, Minneapolis: University of Minnesota Press.

《德勒兹与加塔利：政治、哲学和文化中的新绘图》（*Deleuze and Guattari*：*New Mapping in Politics*, *Philosophy and Culture*）：这本文集收集了一些作者的文章，涉及的范围很广。

Mark, J. (1998) *Gilles Deleuze*：*Vitalism and Multiplicity*, London: Pluto Press.

《吉尔·德勒兹：活力论与多样性》（*Gilles Deleuze*：*Vitalism and Multiplicity*）：这是一本关于德勒兹的导读，将他的思想置于语境之中来讨论。

Massumi, B. (1992) *A User's Guide to Capitalism and Schizophrenia*, Cambridge, MA.: MIT Press.

《〈资本主义与精神分裂〉使用者导读》（*A User's Guide to Capitalism and Schizophrenia*）：与标题相反，这本书并非一本导读性的著作。马苏米的思考是通过德勒兹与加塔利进行的，但是拓展到他们之外，不只是评论或解释他们的观点。

Patton, P. (ed.) (1996) *Deleuze: A Critical Reader*, Oxford: Basil Blackwell.

《德勒兹:批判性导读》(*Deleuze: A Critical Reader*):这本书是由主要哲学家们关于德勒兹的文章组成的文集。

Patton, P. (2000) *Deleuze and the Political*, London: Routledge.

《德勒兹与政治》(*Deleuze and the Political*):这本书对德勒兹的哲学蕴含在当代政治和政治理论方面的价值,提供了一个清晰的和具有原创性的思考。

Rajchman, J. (2000) *The Deleuze Connections*, Cambridge MA: MIT Press.

《德勒兹链接》(*The Deleuze Connections*):这本书对德勒兹的概念和方法的意义提供了一个高层次的总览。

参考文献

除了上述德勒兹的独著、德勒兹与加塔利的合著之外，其他引用作品如下：

Austen, J. (1972) *Pride and Prejudice*, Harmondsworth: Penguin.

Ansell Pearson, K. (1999) *Germinal Life：The Difference and Repetition of Deleuze*, London: Routledge.

Braidotti, R. (1994), *Nomadic Subjects*, New York: Columbia University Press.

Bronte, C. (1985) *Jane Eyre*, Harmondsworth: Penguin.

Brooke, R. (1970) *The Poetical Works of Rupert Brooke*, ed. G. Keynes, London: Faber and Faber.

Buchanan, I. (2000) *Deleuzism：A Metacommentary*, Durham: Duke University Press.

Buchanan, I and Marks, J. (eds) (2001) *Deleuze and Literature*, Edinburgh: Edinburgh University Press.

Carey, P. (1988) *Oscar and Lucinda*, London: Faber.

Carroll. L (1939) *The Complete Works of Lewis Carroll*, London: The Nonesuch Press.

Coetzee, J. M. (1986) *Foe*, London: Secker & Warburg.

Defoe, D. (1998) *The Life and Strange Surprizing Adventures of Robinson Crusoe*, *of York*, *Mariner*, ed. J. D. Crowley, Oxford: Oxford University Press.

DeLillo, D. (1985) *White Noise*, London: Picador.

Dicken, C. (1994) *Great Expectations*, Harmondswoth: Penguin.

Dickinson, E. (1975) *The Complete Works of Emily Dickinson*, ed. T. H. Johnson, London: Faber.

Dostoevsky, F. (1972)*Notes from Underground/The Double*, trans. J. Coulson, Harmondsworth: Penguin.

Eliot, T. S. (1974) *Collected Poems 1909-1962*, London: Faber and Faber.

Ellis, B. E. (1991) *American Psycho*, London: Picador.

Ellis, B.E. (1999) *Glamorama*, New York: Alfred A. Knopf.

Foucault, M. (1972) *The Archaeology of Knowledge and the Discourse on Language*, trans. A.M. Sheridan Smith, New York: Pantheon.

Gatens, M. and Lloyd, G. (1999) *Collective Imaginings*: *Spinoza Past and Present*, London: Routledge.

Hardt, M. (1993) *Gilles Deleuze: An Apprenticeship in Philosophy*, London: UCL Press.

Hardt, M. and Negri, A. (1994) *Labor of Dionysus*, Minneapolis: University of Minnesota Press.

Holland, E.W. (1993) *Beaudelaire and Schizoanalysis: The Sociopoetics of Modernism*, Cambridge: Cambridge University Press.

Hughes, J. (1997) *Lines of Flight: Reading Deleuze with Hardy, Gissing, Conrad, Woolf*, Sheffield: Sheffield Academic.

James, H. (1965) *The Wings of the Dove*, Harmondsworth: Penguin.

Joyce, J. (1964) *A Portrait of the Artist as a Young Man*, New York: Viking.

Joyce, J. (1977) *The Essential James Joyce*, ed. H. Levin, London: Triad Paladin.

Kafka, F. (1961) *Metamorphosis and Other Stories*, trans. W. and E. Muir, Harmondsworth: Penguin.

Kafka, F. (1925) *The Trail*, trans. W. and E. Muir, London: Gollancz [1937].

Massumi, B. (1996) 'The Autonomy of Affect', in P. Patton (ed.) *Deleuze: A Critical Reader*, Oxford: Basil Blackwell, 217-240.

Massumi, B. (2001) *A Shock to Thought*, New York: Routledge.

Melville, H. (1998) *Moby Dick*, ed. T. Tanner, Oxford: Oxford University Press.

Nietzche, F. (1882) *The Gay Science: With a Prelude in Rhymes and an Appendix of Songs*. New York: Vintage Books [1974]

Nietzsche, F. (1882) *Thus Spake Zarathustra: A Book for Everyone and No One*, trans. R. J. Hollingdale, Harmondsworth: Penguin.

Rhys, J.(1966) *Wide Sargasso Sea*, Harmondsworth: Penguin [1998]

Rodowick, D. N. (1997) *Gilles Deleuze's Time Machine*, Durham: Duke University Press.

Shaviro, S. (1993) *The Cinematic Body*, Minneapolis: University of Minnesota Press.

Woolf, V. (1931) *The Waves*, London: The Hogarth Press.

索 引

吉尔·德勒兹思想源流简图

廖鸿飞　绘

```
        ┌──────────────┐
        │ 德勒兹思想的  │
        │  "三位一体"   │
        └──────┬───────┘
               │
    ┌──────────┼──────────┐
┌───┴───┐  ┌───┴───┐  ┌───┴───┐
│ 柏格森 │  │斯宾诺莎│  │ 尼采  │
│（圣父）│  │（圣子）│  │（圣灵）│
└───────┘  └───────┘  └───────┘
```

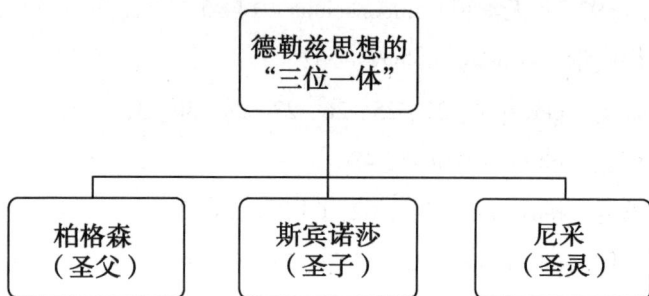

注：上图参考托德·梅的《德勒兹导论》（Todd May, *Gilles Deleuze：An Introduction*, Cambridge：Cambridge University Press, 2005. p. 26.）

德勒兹的重要概念主要来源例举

- 时间、影像、运动：主要来自**柏格森**

- 生成、永恒回归、不合时宜、生命、欲望：主要来自**尼采**

- 先验、理念：主要来自**康德**

- 经验主义：主要来自**休谟**

- 内在性、身体、伦理学：主要来自**斯宾诺莎**

概念—工具：为什么我们需要读德勒兹的概念？

九月䲜 [1]

> 工欲善其事，必先利其器
> ——《论语·卫灵公》

唐代药圣孙思邈在其药理名著《千金要方》中曾记载："有阿是之法，言人有病痛，即令捏其上，若里当其处，不问孔穴，即得便成痛处，即云阿是。灸刺借验，故云阿是穴也。"里面记载了中医中著名的阿是穴的来历。一位医者，被人邀去替人看病，病人曰腿痛。医者按照古代医经中所记载的穴位一一灸刺，均无效果，病人疼痛依然如故。一时间，医者没了主意，他已经依循了医经上所记载的种种方法，均无效于病者。如今，他唯有抛开医经，让自己面对这个病人。他将手顺着病人的腿部依次缓缓向上按，按到某一个地方的时候，突然病人大声喊道："阿，是"，此处正是病人最痛楚之处，医者随即拿出灸针，朝手指所按的位置刺下去，病人的疼痛顿时疏通缓解。在一些传说中，还记载着，病人问道："医生，这是什么穴位呀！"医者笑笑答道："此乃阿是穴"。

阿是穴的故事实际上隐衬出一个境遇。在这个医者之前，从来没有人知道阿是穴为何物。阿是穴的出现，完全是一种偶然相遇，它并非不存在，而是之前从来没有在医经上被记载过，当然，涉及阿是穴的病理也没有被研究过。在作为医学知识的

1　南京大学哲学系教授蓝江。

医经与实际的病灶之间,存在着一种距离,而在医者面对阿是穴疼痛的病患之前,这个距离从未向人显现出来。当然,在医者拿捏到那个从未在医经上记载的疼痛的穴位时,医者和病患同时遭遇到了一个新的状态,这个穴位,不仅是一个没有被医经记载下来的穴位,而且也是一个在之前的医理上被略去的穴位。换句话说,这个穴位不仅仅代表着一种医经内容上的残缺,而且也代表着之前支撑着医经的医理体系的苍白,那种对医理的认识在根本上无助于处理当下最直接的病症,因此,这个穴位在一定程度上悬置了之前的医理,需要医者从全新的角度来看待它。这个全新的角度是什么? 很明显,就是命名,一个在之前从未出现过的词汇"阿是"成为了这个穴位的名称,"阿是"不仅仅是病人在那一刻的感叹词,最为重要的是,它成为了一个空能指,指向了这种苍白的情境,并为之而命名,在医经和具体病症之间的距离最终被"阿是"的命名所缝合。

这个故事给我们讲出了一个具有当代哲学意蕴的道理。作为知识体系和概念体系的医经,为什么会出现苍白无用的情形? 在一段时期,人们习惯于将这种体系奉为圭臬,时时刻刻循规蹈矩地按照知识体系和概念体系来运作。而这种知识和概念自然被直接当成了那个被知识和概念在话语之下掩盖的真实的替代品。记得有时和人辩论,一些人常常端出这样的话来,首先,你要定义一下你的概念是什么? 如果没有清楚的定义,在他们看来,讨论是没有必要的。必须承认,任何讨论需要一种共同的场域和背景来进行,但是,我们真的能绝对清晰地界定一个概念么? 事实上,过于坚持清晰界定的人,在德勒兹看来,其与真实是南辕北辙的。这并不是说,德勒兹不求诸于概念,恰恰相反,德勒兹的概念比谁都多,都要复杂。但是,真正的问题是,我们对待概念的态度。概念，或者概念体系，是一种外在于生命的东西，它们永远不能替代那个在内在性（immance）平面具有独一性（singularité）的生命的绵延和流淌，若非如此，事情就会被颠倒过来，亦即，人们用一种人造的概念，让自己画地为牢，将自己的流动的生命禁锢在一个虚构的枷锁之下。

　　概念，在德勒兹那里，只是一种工具。借助概念，我们拾级而上，领略我们生命内在的无限，但是，我们不能将之颠倒过来，让其成为我们生命的囚笼。由此，我们面对的生命原则是，让概念跟随着生命去运转，而不是相反。在"阿是穴"的故事中，医者正是这样来为病人治疗的，因为医者若盲从于医经，奉医经中的概念为圭臬，最终的结果是，他只会对真正的病症无动于衷，相反，将病症还原为一个医经上现有的答案，而真正的问题并未在这个过程中得到解决。这是器物层面上的错误，用一个陈旧的器物来面对一个新生的事物，一个新的生命的绵延，这好比当我们遭遇了上古的穷奇，而指望用我们手中的普通的兵刃来除掉他是不可能的一样。概念就是我们手中的兵刃，只有在兵刃对路的情形下，我们才能去面对所要面对的敌人。概念亦是如此，当我们的生命在一个全新的维度中展开的时候，既往的旧有的概念体系全部都遭遇到他们用途上的极限，在这种情况下，我们的态度不应是简单的返还，即强制性用旧有的概念来还原这种新的生命的绵延，倘若如此，不仅仅是工具上的错误，更重要的是，生命的新生在旧的工具下被彻底遮蔽，而生命的力量在旧概念的藩篱中遭到了卑劣的扼杀。

　　这或许是德勒兹和加塔利如此看重概念的原因吧！他们心目中的概念，绝对不是要求在生命创造出新的独特性之后，用所谓的清晰的概念来将它的生命力装在不透风的箱子里。真正的问题在于,面对新的独特性,任何清晰的解释,任何可以让人一目了然的概念,都是在旧的概念框架下的还原和羁绊,新的生命并没有真正在其间崭露出来,这是生命的悲剧。相反,我们需要的一种态度是,不是清晰地界定,而是一种从几近于空的能指上来命名,命名的独特性不在于其合理性,或者可以在逻辑上得到清晰的展示,恰恰相反,新概念的命名,就是摆脱旧有的藩篱,它的空无的内涵,恰恰正是新生概念的最好的对应物,也就是说,这个从未出现过的概念,才是真正符合生命绵延的概念,一种在生命存在的力量上得以真正支撑的概念。正如"阿是穴"在病人的"阿,是"的感叹中诞生一样,所有的新生,所有的新的独特性,必须用全新的概念,一种无法简单在旧有语言体系中找到合理位置的概念,来说明。

于是,德勒兹和加塔利成为最著名的概念制造者。他们之所以制造概念,是因为,在当代资本主义的发展中,出现了太多以往的概念所无法包含和解释的东西,所以要不断的创造出概念,才能去对应于生命中不断产生的新的奇迹。正因为如此,德勒兹创造出许多著名的概念,如分裂分析、运动—影像、时间—影像、块茎、条纹、褶皱、游牧等如今已为我们耳熟能详,也正是这些概念,让我们见识到了一个在当代哲学中格外与众不同的德勒兹。譬如,面对电影这个新生事物,德勒兹坚决认为,必须要生产出一种概念,来对应于电影的经验。因为任何电影之前存在着的概念,都无法准备描绘出电影究竟在什么方面带来了革命性的变化。这或许是德勒兹的电影理论为什么会比之前的结构主义语义学的麦茨更加沁入人心地表达出一种具有生命力的电影学说,而在麦茨的电影理论中,电影的活生生的东西被零碎地分割拆散,这是鲜活电影生命的惨案。可以说,在这意义上,麦茨的电影分析在很大程度上并没有超脱罗兰·巴特的《明室》中对静态影像的分析,用结构性因素去还原和拆分电影的生命,本身就是一种逆潮流而动的行径。德勒兹的出现,终结了这一切,在德勒兹的电影理论中,他使用了两个全新的概念,即运动—影像和时间—影像,这样,才让我们真正领悟到,电影带来的革命性的新生究竟是什么。

当然,这并不是说,德勒兹和加塔利新生产出来的这些概念,在根本上,无法用语言来解读,否则,这种概念的诞生就完全没有必要了。也即是说,在新的概念诞生之后,为了让概念成为新的独特性,新的生命的绵延的最适合的工具,就必须要对概念进行描绘,而不是界定。为了成为这个最适合的工具,我们必须在德勒兹自己的文本中小心翼翼地寻找这些概念的踪迹,并在一个层面上,将它们缝合起来。所以,与其说,我们在德勒兹的关键概念中来理解德勒兹的思想,不如说,我们在概念的碎片中,去遭遇那个用生命踽踽而行的德勒兹,在概念工具的折射中,我们看到的不是一具思想手术台上的冰冷的尸体,而是一个鲜活的,并可以附身于我们的生命,一个并非被概念体系的福尔马林防腐处理过的生命,这个生命,在概念中涅槃,并始终以一种重复的方式在我们每一个人身上,让生命的烟火在苍莽的世间熠熠生辉。

图书在版编目(CIP)数据

导读德勒兹/(英)科勒布鲁克(Colebrook,C.)著；
廖鸿飞译.—重庆：重庆大学出版社,2014.7(2023.4重印)
(思想家和思想导读丛书)
书名原名：Gilles Deleuze
ISBN 978-7-5624-8276-5

Ⅰ.①导…　Ⅱ.①科…②廖…　Ⅲ.①德勒兹
(1925~1995)—哲学思想—思想评论　Ⅳ.①B565.59

中国版本图书馆 CIP 数据核字(2014)第 122514 号

导读德勒兹
克莱尔·科勒布鲁克　著
廖鸿飞　译
特约编辑：邹　荣　任绪军
责任编辑：邹　荣　　版式设计：邹　荣
责任校对：秦巴达　　责任印制：张　策
*
重庆大学出版社出版发行
出版人：饶帮华
社址：重庆市沙坪坝区大学城西路 21 号
邮编：401331
电话：(023) 88617190　88617185(中小学)
传真：(023) 88617186　88617166
网址：http://www.cqup.com.cn
邮箱：fxk@ cqup.com.cn(营销中心)
全国新华书店经销
重庆市正前方彩色印刷有限公司印刷
*
开本：890mm×1168mm　1/32　印张：7.625　字数：171 千　插页：32 开 2 页
2014 年 7 月第 1 版　　2023 年 4 月第 5 次印刷
ISBN 978-7-5624-8276-5　定价：36.00 元

封面设计:史英男 刘 骥

🦩荒島書店